Eis selbst
gemacht

Hinweise zu den Rezepten

Abkürzungen

EL	=	Esslöffel (gestrichen)
TL	=	Teelöffel (gestrichen)
Msp.	=	Messerspitze
P.	=	Päckchen
TK-...	=	Tiefkühl-...
l	=	Liter
ml	=	Milliliter
cl	=	Zentiliter
kcal	=	Kilokalorien
ca.	=	circa
Min.	=	Minute(n)
Std.	=	Stunde(n)
Ø	=	Durchmesser
°C	=	Grad Celsius
cm	=	Zentimeter

Umrechnungstabelle

1 l	=	1000 ml
1 Tasse	=	150 ml
1 Wasserglas	=	200 ml
1 Esslöffel	=	15 ml
1 Teelöffel	=	5 ml
1 dag	=	10 g (für Österreich)

Steckbrief

low fat ✓	trifft auf das Rezept zu
raffiniert	trifft auf das Rezept nicht zu
nussig	
fruchtig	
sahnig	
für Kids	

Eis selbst gemacht

Bassermann

Der Text dieses Buches entspricht den Regeln der neuen deutschen Rechtschreibung.

ISBN: 978-3-8094-2686-8

Umschlaggestaltung: Atelier Versen, Bad Aibling
Gestaltung: red.sign, Stuttgart
Zusammenstellung und Redaktion: Dr. Judith Schuler
Redaktion dieser Ausgabe: Anja Halveland
Rezeptfotos: Klaus Arras, Köln – außer: S. 25, 34, 35, 39, 41, 54, 55, 58, 59, 65, 67, 69, 71, 73, 75: TLC-Fotostudio, Velen-Ramsdorf und S. 87, 89, 91, 93, 95: Thomas Dierks, Hamburg
weitere Fotos: TLC-Fotostudio, Velen-Ramsdorf: S. 1, 3, 5, 7, 8, 9;
Klaus Arras, Köln: S. 6

Satz: Epsilon2, Konzept & Gestaltung, Augsburg
Satz dieser Ausgabe: Filmsatz Schröter, München
Druck: Mohn media Mohndruck GmbH, Gütersloh

Printed in Germany

FSC
Mix
Produktgruppe aus vorbildlich bewirtschafteten Wäldern und anderen kontrollierten Herkünften
Zert.-Nr. SGS-COC-1425
www.fsc.org
© 1996 Forest Stewardship Council

Verlagsgruppe Random House
FSC-DEU-0100
Das für dieses Buch verwendete FSC-zertifizierte Papier *Profimatt* wurde produziert von Sappi Ehingen und geliefert durch die IGEPA.

125050109X817 2635 4453 6271

Selbst gemachtes Eis ist ein Muss für den wahren Eisfan: Knallig buntes Eis am Stiel, zartschmelzendes Softeis, Milch- und Fruchteis in den verrücktesten Geschmacksrichtungen, pikante Eissorten, eisige Sorbets, Shakes und Parfaits warten darauf, ausprobiert zu werden. Eistorten und -pralinen oder, für Kalorienbewusste, leichte Eissorten bilden den krönenden Abschluss eines eiskalten Vergnügens.

Inhalt

So wird's gemacht!

So wird's gemacht!

Fruchteis selbst gemacht

1. Die Früchte pürieren. Alle Zutaten nach Rezept vorbereiten und damit die Eiscrememasse zubereiten.

2. Die Eiscrememasse in die laufende Eismaschine geben und das Ganze nach Zubereitungsanweisung gefrieren lassen.

3. Das Eis nach dem Gefrieren aus der Eismaschine direkt portionieren oder im Gefriergerät aufbewahren.

Eis am Stiel portionieren

1. Die Eiscrememasse in ein hohes, schmales Glas füllen. Die Oberfläche mit einem Teigschaber glatt streichen.

2. Einen Holzstiel bis auf etwa 3 cm Stielansatz in die Eiscrememasse drücken. Die Eisportionen in das Gefriergerät stellen und nach der Zeitangabe im Rezept gefrieren lassen.

3. Das Eis aus dem Gefriergerät nehmen. Die mit Eis gefüllten Gläser nacheinander kurz in warmes Wasser tauchen und dann das Eis am Stiel aus den Gläsern herausziehen.

Auf ins eiskalte Vergnügen!

Mit oder ohne Eismaschine – aber auf jeden Fall selbst gemacht! Eiscreme lässt sich einfach und ohne lange Zubereitungszeiten selbst herstellen. Im Prinzip reicht dafür schon eine Tiefkühltruhe oder das Gefrierfach Ihres Kühlschrankes aus. Für den wahren Eisfan ist jedoch der Kauf einer Eismaschine empfehlenswert. Deshalb ist auch der überwiegende Teil der Rezepte in diesem Buch für Eismaschinen ausgelegt. Im Fachhandel finden Sie diese Geräte zu Preisen zwischen 40 und 150 Euro.

Mit der Eismaschine ist die zum Eismachen nötige Ausrüstung jedoch schon fast komplett. Natürlich ist ein Gefrierschrank, eine Gefriertruhe oder zumindest ein Tiefkühlfach mit 3 oder 4 Sternen auf jeden Fall erforderlich, um den Eisbehälter der Maschine zu gefrieren oder um nach der Herstellung das selbst gemachte Eis aufzubewahren. Es lohnt sich auch, einige Gefrierdosen mit einem Fassungsvermögen zwischen ½ l und 1 ¼ l anzuschaffen.

Ansonsten benötigen Sie nur noch eine Küchenwaage, einen Messbecher, ein Handrührgerät und einen Pürierstab sowie Kochlöffel, Holz- und Plastikspatel, Schneebesen, Rührschüsseln und -becher. Ein Eisportionierer und ein Spritzbeutel leisten natürlich ebenfalls gute Dienste.

Achtung – nicht vergessen!

Bevor es nun aber wirklich mit dem Eismachen losgehen kann, müssen Sie den Eiskühlbehälter oder die Kühlscheibe Ihrer Eismaschine in einem Tiefkühlgerät oder einem Tiefkühlfach auf die erforderliche Temperatur bringen. Dazu sind beim ersten Mal mindestens 24 Stunden erforderlich. Zwischen zwei Eisrührgängen reichen Gefrierzeiten von nur noch 12–18 Stunden.

Tricks und Kniffe

- Bevor Sie das Kühlelement aus dem Tiefkühlgerät nehmen, sollten Sie alle Zubereitungsschritte, die sich im Voraus durchführen lassen, erledigt haben, denn ansonsten erwärmt sich das Kühlelement schon ein wenig und das Eis wird nicht fest.
- Achtung! Das Kühlelement muss frei von Eis sein. Wenn Sie das Eis entfernen wollen, spülen Sie das Kühlelement aber nicht ab, sonst bildet sich sofort eine Eisschicht! Eine dünne Schicht von Eiskristallen lässt sich leicht mit einem Spatel entfernen; verwenden Sie aber keinen Metallspatel, um Beschädigungen zu vermeiden.
- Rühren Sie nie mehr als die angegebenen Mengen in einem Arbeitsgang an, sonst wird das Eis nicht fest genug.

- Wollen Sie dem Eis Fruchtstückchen zufügen, so bestreuen Sie diese vorher mit etwas Zucker. Auf diese Weise verhindern Sie, dass sich später während des Gefriervorgangs in den Fruchtstückchen zu große Eiskristalle bilden können.
- Wenn das Eis schließlich fertig ist, können Sie es noch ungefähr 10 Minuten in der Eismaschine zugedeckt aufbewahren. Lassen Sie es aber auf keinen Fall noch länger in der Eismaschine – die übrigens auf jeden Fall verschlossen sein sollte – stehen, sonst kann der Rührarm einfrieren oder das Eis bereits wieder flüssig werden.
- Nehmen Sie das Eis immer mit einem Kunststofflöffel oder -spatel aus der Maschine. So vermeiden Sie eventuelle Beschädigungen und Sie werden lange Freude an Ihrer Eismaschine haben.
- Die Zubereitungszeit des Eises hängt stark von der Ausgangstemperatur der jeweiligen Mischung, der im Raum herrschenden Temperatur sowie natürlich der Menge und der Zusammensetzung der Eismasse ab. Je höher die Temperatur der einzelnen Zutaten und die Raumtemperatur, umso mehr Zeit müssen Sie für die Zubereitung des Eises veranschlagen. Das beste Ergebnis erhalten Sie, wenn Sie alle Zutaten bereits vorher gekühlt haben. Eine Eissorte, deren Volumen während der Zubereitung zunimmt, wie beispielsweise Erdbeer- oder Kirscheis, sowie eine Eiscreme, die einen hohen Sahneanteil hat, wird eine längere Zubereitungszeit benötigen als etwa Fruchteis oder ein Sorbet.
- Wenn Sie Rezepte aus diesem Buch variieren möchten, müssen Sie dabei beachten, dass die zusätzliche Beigabe von Fett, Alkohol und Zucker den Gefriervorgang verlangsamt und dass dadurch die Konsistenz des Eises weicher wird.

Die Zutaten – Basis für gutes Eis

Milchprodukte bilden die Grundlage für viele Speiseeissorten, vom klassischen Vanille- und Schokoeis bis hin zu ausgefallenen Sorten wie Kokos- oder Mohrenkopfeis. Ob Sie bei der Zubereitung Vollmilch oder entrahmte Milch verwenden, bleibt Ihre persönliche Entscheidung. Mit steigendem Fettgehalt wird das Eis cremiger. Die Eiscreme hält sich länger, wenn Sie pasteurisierte oder ultrahocherhitzte Milchprodukte verwenden.

Der hohe Fettgehalt von Sahne, Crème fraîche und Crème double sorgt dafür, dass der Eigengeschmack der anderen Zutaten betont wird und sehr intensiv ausfällt. Wenn Sie Ihr Eis besonders cremig wünschen, verwenden Sie Sahne mit einem Fettgehalt von über 32 % statt der meist üblichen 30 %. Diese ist zwar etwas teurer, jedoch wirkt sich der nur geringe Unterschied im Fettgehalt spürbar positiv auf den Geschmack aus. Zur Variation können Sie bei den Rezepten auch jederzeit eine Crème double gegen eine Crème fraîche austauschen.

Verwenden Sie keinesfalls zu grobkörnigen **Zucker**. Feiner Kristallzucker oder Raffinade löst sich deutlich schneller und auch besser auf und sorgt somit für ein vollmundigeres Aroma. Sie können jedoch auch Puderzucker, Sirup oder Honig verwenden. Halten Sie sich aber im Großen und Ganzen an die in den Rezepten angegebene Zuckermenge, denn wenn Sie zu wenig Zucker verwenden, lassen später die Struktur und die Festigkeit der Eiscreme zu wünschen übrig.

Beerenobst ist eine sehr beliebte Zutat in den verschiedensten Eissorten. Beeren sind ein typisches Sommerobst. In der Hauptsaison für Eis können Sie daher auch auf ein recht breites Angebot frischer Früchte zurückgreifen. Außerhalb der Saison sollten Sie dann TK-Beeren verwenden, denn frisches Beerenobst wird zu dieser Zeit oft aus weit entfernten südlichen Ländern eingeführt, wo es unreif geerntet werden muss, um die langen Transportwege zu überstehen. Unter diesen Transporten leidet jedoch das Aroma der Früchte stark. Bei der Eisherstellung mit tiefgefrorenem Obst muss dieses nicht ganz aufgetaut werden. Oft können Sie es sogar besser weiterverarbeiten, wenn es nur angetaut ist – vor allem dann, wenn es püriert werden soll.

Das Angebot an **exotischem Obst** ist insbesondere dann sehr reichhaltig, wenn unser heimisches Obst gerade keine Saison hat. Die entsprechenden Eissorten bieten sich also für die Wintermonate besonders an.

Wenn Sie pikantes Eis auf Basis von **Gemüse** herstellen, sollten Sie bedenken, dass Gemüse im Vergleich zu Obst sehr viel weniger Zucker enthält. Das Eis gefriert dadurch in der Regel schneller, die Konsistenz ist insgesamt härter. Um diese Eigenschaft etwas abzuschwächen, sollten die in den Rezepten angegebenen Milchprodukte stets in der höchsten Fettstufe verwendet werden.

Schokolade unterscheidet sich von Kuvertüre vor allem durch den Fettgehalt. Wenn Sie für die Eismasse diese beiden Zutaten gegeneinander austauschen, werden Sie allerdings keine Probleme mit der Zubereitung des Eises haben. Beim Überziehen von Eis sollten Sie jedoch nicht auf Kuvertüre verzichten. Sie lässt sich einfacher schmelzen und die Schokoumhüllung des Eises gelingt leichter.

hinten:
Grüner Göttertraum
rechts vorn:
Mancoco

Grüner Göttertraum

Götterspeiseeis

low fat ✓
raffiniert
nussig
fruchtig
sahnig
für Kids ✓

Für 6 Portionen

- Zubereitungszeit: ca. 20 Min.
- Kühlzeit: ca. 20 Min.
- Gefrierzeit: ca. 6 Std.
- ca. 70 kcal je Portion

½ Beutel grünes Götterspeisepulver • 65 g Zucker
1–2 EL Zitronensaft

1. Das Götterspeisepulver und den Zucker in 300 ml Wasser rühren. 10 Minuten ausquellen lassen.

2. Die Götterspeise unter Rühren einmal aufkochen. Im kalten Wasserbad unter gelegentlichem Rühren abkühlen lassen.

3. Die Götterspeise mit Zitronensaft abschmecken, in die Eisförmchen (etwa 50 ml Volumen) füllen und 15 Minuten stehen lassen, bis sich der Schaum gesetzt hat.

4. Die Förmchen verschließen und im Gefrierfach etwa 6 Stunden gefrieren lassen.

Tipps

Das restliche Götterspeisepulver können Sie fest verschlossen in einem Schraubglas aufbewahren.

Verwenden Sie zur Abwechslung einmal rotes oder gelbes Götterspeisepulver.

Wenn Sie 12 Eisförmchen besitzen, können Sie auch zweifarbiges Götterspeise-Stieleis zubereiten: Dazu einfach alle Förmchen zur Hälfte mit der einen Masse füllen, diese mindestens 5 Stunden ins Gefrierfach geben, dann die Götterspeisemasse der anderen Farbe darauf geben und alles nochmals etwa 6 Stunden gefrieren lassen.

Mancoco

Mango-Kokos-Eis

low fat
raffiniert
nussig
fruchtig ✓
sahnig ✓
für Kids

Für 6 Portionen

- Zubereitungszeit: ca. 30 Min.
- Gefrierzeit: ca. 6 Std.
- ca. 140 kcal je Portion

1 Mango
1 Dose Kokosmilch (165 ml) • 2–3 EL Puderzucker
100 g Crème double • 2 EL Kokosraspel

1. Die Mango schälen und das Fruchtfleisch vom Stein schneiden. 125 g Fruchtfleisch abwiegen, den Rest der Frucht anderweitig verwenden.

2. Die Kokosmilch in ein hohes Gefäß füllen. Abgewogenes Mangofruchtfleisch und 1 EL Puderzucker hinzufügen und alles mit dem Mixstab pürieren.

3. Die Crème double und den restlichen Puderzucker steif schlagen. Die Kokosraspel unter die Crème double heben.

4. Die Creme auf die Mango-Kokos-Mischung geben und mit dem Schneebesen unterziehen. In Förmchen (etwa 50 ml Volumen) füllen, diese verschließen und im Gefrierfach mindestens 6 Stunden gefrieren lassen.

Tipps

Das restliche Mangofleisch würfeln und für die nächste Eisherstellung einfrieren.

Statt Kokosraspel schmecken in diesem Eis auch 25 g gehackte Pistazien.

Nehmen Sie im Herbst oder Winter 1–2 Cherimoya-Früchte statt der Mango. Eventuell etwas mehr Puderzucker verwenden.

low fat ✓
raffiniert
nussig
fruchtig ✓
sahnig
für Kids ✓

Für 6 Portionen

- Zubereitungszeit: ca. 20 Min.
- Gefrierzeit: ca. 6 Std.
- ca. 60 kcal je Portion

Yobro

Brombeer-Joghurt-Eis

125 g Brombeeren (frisch oder TK-Ware)
40 g Puderzucker
1 frisches Ei • 75 g Vollmilch-Naturjoghurt

1. Frische Brombeeren verlesen und abspülen, TK-Brombeeren auftauen lassen.

2. Die Beeren und 1 EL Puderzucker mit dem Mixstab pürieren. Das Beerenmus durch ein Sieb streichen.

3. Das Ei und den restlichen Puderzucker mit den Quirlen des Handrührgeräts hellgelb und cremig aufschlagen. Nach und nach das Beerenmus und den Joghurt unterrühren.

4. Die Masse in die Eisförmchen (etwa 50 ml Volumen) füllen, die Förmchen verschließen und das Eis im Gefrierfach mindestens 6 Stunden gefrieren lassen.

Tipps

Das Passieren der Beeren ist zwar arbeitsaufwändig, aber notwendig, denn die kleinen Kernchen der Brombeeren würden den Eisgenuss mindern!

Das Eis schmeckt auch mit Erdbeeren sehr gut. Deren außen auf der Haut sitzende Kerne sind viel kleiner; hier können Sie sich also das Passieren sparen!

Wenn Sie keine Eis-am-Stiel-Formen besitzen, können Sie das Eis auch in schmalen, hohen Gläsern gefrieren.

low fat ✓
raffiniert
nussig
fruchtig ✓
sahnig
für Kids ✓

Frambino

Erdbeer-Kefir-Eis

250 g Erdbeeren (frisch oder TK-Ware)
3 EL Agavendicksaft (45 g)
100 g Kefir

1. Frische Erdbeeren abspülen und putzen. TK-Erdbeeren auftauen lassen.

2. Die Beeren mit dem Mixstab pürieren und eventuell durch ein feinmaschiges Sieb streichen.

3. Den Agavendicksaft und den Kefir unter das Erdbeerpüree rühren. Die Masse kurz stehen lassen, damit sich der Schaum setzen kann.

4. Den Erdbeerkefir auf die Eisförmchen (etwa 50 ml Volumen) verteilen. Die Formen verschließen und den Erdbeerkefir im Gefrierfach mindestens 6 Stunden gefrieren lassen.

Tipps

Statt Erdbeeren schmecken auch Himbeeren, die dem Eis eine noch tiefere rote Farbe verleihen. Himbeeren sollten Sie allerdings auf jeden Fall durch ein Sieb streichen, um die kleinen Kerne aus dem Mus zu entfernen.

Schneller geht dieses Rezept mit Preiselbeersirup. Hiervon brauchen Sie 200 g. Preiselbeersirup erhalten Sie im Reformhaus und in vielen Supermärkten.

Für 6 Portionen

- Zubereitungszeit: ca. 20 Min.
- Gefrierzeit: ca. 6 Std.
- ca. 40 kcal je Portion

- low fat
- raffiniert
- nussig
- fruchtig
- **sahnig ✓**
- **für Kids ✓**

Für 6 Portionen

- Zubereitungszeit: ca. 30 Min.
- Kühlzeit: ca. 1 Std.
- Gefrierzeit: ca. 8 Std.
- ca. 300 kcal je Portion

Magnificant

Vanilleeis mit Schokoladenüberzug

½ TL gemahlene Naturvanille • 60 ml Milch • 50 g weiße Kuvertüre
2 frische Eigelbe • 1 ½ EL Zucker
75 g Sahne
200 g Zartbitterkuvertüre

1. Die Vanille in die Milch geben und diese erhitzen. Die weiße Kuvertüre hacken und in der Milch auflösen. Die Mischung zugedeckt beiseite stellen.

2. Eigelbe und Zucker in eine Schüssel geben und mit den Quirlen des Handrührgeräts hellgelb und cremig aufschlagen.

3. Nach und nach die Vanillemilch unter Rühren zur Eigelbmasse gießen. Die Mischung etwa 1 Stunde kalt stellen.

4. Die Sahne steif schlagen und unter die Eigelbcreme heben. Die Masse in die Eisförmchen (etwa 50 ml Volumen) füllen und die Förmchen verschließen.

5. Das Eis im Gefrierfach mindestens 8 Stunden gefrieren lassen. Die Förmchen während der Gefrierzeit anfangs alle 30 Minuten, dann jede Stunde von unten nach oben umdrehen.

6. Die dunkle Kuvertüre hacken, in ein hohes Gefäß geben und im heißen Wasserbad auflösen. Alle Eisportionen aus den Förmchen lösen und sofort nacheinander in die heiße Schokolade tauchen. Diese gefriert sofort am Eis.

Tipps

Vom Überziehen übrig gebliebene Schokolade kann nach dem Auskühlen in Alufolie verpackt aufbewahrt und später erneut geschmolzen werden.

Wenn Ihnen die dunkle Kuvertüre zu bitter ist, verwenden Sie Vollmilchkuvertüre.

Sie können in die aufgelöste Kuvertüre auch gehackte Haselnüsse oder Mandelstifte unterrühren. Diese vorher ohne Fettzugabe in einer Pfanne unter Rühren anrösten.

low fat
raffiniert ✓
nussig
fruchtig ✓
sahnig ✓
für Kids

Pini

Ananas-Ingwer-Eis

1 unbehandelte Limette
20 g kandierter Ingwer • 100 g Ananassirup • 150 g Dickmilch (3,5 % Fett) • 50 g Mascarpone

Für 6 Portionen

- Zubereitungszeit: ca. 30 Min.
- Gefrierzeit: ca. 6 Std.
- ca. 110 kcal je Portion

1. Die Limette heiß abspülen und etwa zwei Drittel der Schale abreiben. Den Limettensaft auspressen.

2. Den Ingwer im Blitzhacker fein hacken. Ananassirup und Limettenschale verrühren. In einem anderen Gefäß Dickmilch und Mascarpone ebenfalls verrühren.

3. Ananassirup und Ingwer zur Dickmilch-Mascarpone-Mischung geben und alles erneut etwa 2 Minuten rühren. Mit Limettensaft abschmecken.

4. Die Ananas-Mascarpone-Mischung auf die Eisförmchen (etwa 50 ml Volumen) verteilen. Diese verschließen und im Gefrierfach mindestens 6 Stunden gefrieren lassen.

Tipps

Wenn Sie keinen Blitzhacker zur Verfügung haben, können Sie den Ingwer mit dem Messer hacken. Das geht besonders gut, wenn Sie den Ingwer zuvor 30 Minuten in den Kühlschrank legen.

Statt Ananassirup können Sie Ananasscheiben aus der Dose nehmen. Dazu 3 Scheiben mit Saft auf 100 g auffüllen und alles mit dem Mixstab pürieren.

links: Lime Dream
rechts: Orangina

Lime Dream

Limetten-Quark-Eis

- low fat
- raffiniert
- nussig
- **fruchtig ✓**
- **sahnig ✓**
- **für Kids ✓**

Für 6 Portionen

- Zubereitungszeit: ca. 15 Min.
- Gefrierzeit: ca. 30 Min.
- ca. 360 kcal je Portion

250 g Sahnequark
2 unbehandelte Limetten
3 EL Zucker
4–5 EL Agavendicksaft • 150 g Crème fraîche
200 g Sahne
kandierte Limettenstückchen zum Garnieren

1. Ein Sieb mit einem Geschirrtuch auslegen und den Quark hineingeben. Den Quark darin abtropfen lassen.

2. Die Limetten heiß abspülen und die Schale von 1 Limette abreiben. Die andere Limette dünn schälen und die Schale in Streifen schneiden. Beide Limetten auspressen.

3. Den Zucker in einer Pfanne zu hellbraunem Karamell schmelzen lassen. 1 EL Limettensaft und die Schalenstreifen untermischen. Den Karamell auf eine geölte Platte gießen und beiseite stellen.

4. Den restlichen Limettensaft, abgeriebene Zitronenschale und Agavendicksaft verrühren. Quark und die Hälfte der Crème fraîche untermischen. Alles in die Eismaschine geben und etwa 10 Minuten gefrieren lassen.

5. Inzwischen den Karamell in Stückchen zerbrechen. Die Sahne steif schlagen und die restliche Crème fraîche untermischen. Mit dem Karamell vorsichtig unter den Limettenquark heben und alles weitere 20 Minuten in der Eismaschine gefrieren lassen.

6. Das Eis in Waffeln spritzen und mit kandierten Limettenstückchen garnieren.

Orangina

Orangeneis

- low fat
- raffiniert
- nussig
- **fruchtig ✓**
- **sahnig ✓**
- für Kids

Für 4 Portionen

- Zubereitungszeit: ca. 45 Min.
- Gefrierzeit: ca. 35 Min.
- ca. 330 kcal je Portion

5 Orangen (1 davon unbehandelt)
100 g Mandarinenstückchen (aus der Dose) •
50 g Zucker • 2 EL Cointreau • 150 g Sahnejoghurt
200 g Sahne
4 Mandarinenfilets zum Garnieren

1. Alle Orangen heiß abspülen. Die Schale der unbehandelten Orange abreiben.

2. Alle Orangen so schälen, dass auch die weiße Haut entfernt wird. Die Orangenfilets zwischen den Trennhäuten herausschneiden, den Saft dabei auffangen.

3. Orangenfilets, Mandarinenstücke und Zucker mit dem Mixstab fein pürieren und durch ein feines Sieb streichen. Orangenschale, Cointreau und Joghurt zugeben.

4. Die Masse in die Eismaschine geben und etwa 20 Minuten gefrieren lassen.

5. Die Sahne sehr steif schlagen und vorsichtig unter das Orangeneis heben.

6. Das Eis weitere 10–15 Minuten gefrieren lassen; dann in Waffeln geben, jeweils mit einem Mandarinenfilet garnieren und sofort servieren.

low fat
raffiniert
nussig ✓
fruchtig
sahnig ✓
für Kids

Für 6 Portionen

- Zubereitungszeit: ca. 1 3/4 Std.
- Kühlzeit: ca. 1 Std.
- Gefrierzeit: ca. 30 Min.
- ca. 290 kcal je Portion

Amoroso

Mandeleis mit Amaretto

1 Vanilleschote • 250 ml Milch
2 frische Eigelbe • 80 g Zucker
100 g Mandelstifte
125 g Crème double • 1–2 EL Amaretto

1. Die Vanilleschote längs aufschlitzen und das Mark herauskratzen. Das Mark und die Schotenhälften in der Milch aufkochen, zudecken und 20 Minuten beiseite stellen.

2. Eigelbe und Zucker mit den Quirlen des Handrührgeräts in 5 Minuten hellgelb und cremig aufschlagen. Die Vanillemilch aufkochen und die Schotenhälften herausnehmen.

3. Dann 3 EL heiße Milch zur Eiercreme geben und unterrühren. Die restliche Milch langsam zugießen und dabei weiterrühren. Die Eiermilch vorsichtig unter Rühren erhitzen, bis sie dicklich wird. Die Eiercreme in eine Metallschüssel geben und sofort in kaltes Wasser stellen.

4. Die Creme unter gelegentlichem Rühren abkühlen lassen, dabei das Wasser gegebenenfalls einmal wechseln. Die Eiercreme dann etwa 1 Stunde im Kühlschrank durchkühlen lassen.

5. Die gekühlte Creme noch einmal durchrühren, in die laufende Eismaschine gießen und etwa 25 Minuten gefrieren lassen.

6. Inzwischen die Mandelstifte grob hacken und in einer Pfanne ohne Fett bei mittlerer Hitze anrösten. Die Pfanne dabei gelegentlich rütteln. Die Mandelstifte auf einem Teller verteilen und abkühlen lassen.

7. Die Crème double steif schlagen. Den Amaretto und drei Viertel der Mandelstifte in die laufende Eismaschine geben und untermischen. Die Crème double vorsichtig unter das Mandeleis heben und gegebenenfalls in der Eismaschine noch kurz weiter gefrieren lassen.

8. Das Eis in einen Spritzbeutel mit großer Rundtülle füllen und sofort in Portionsgläser oder Tassen spritzen. Mit den restlichen Mandelstiften bestreuen und servieren.

low fat
raffiniert ✓
nussig
fruchtig ✓
sahnig ✓
für Kids

Berlingo

Schnelles Erdbeer-Kokos-Eis

½ Limette • 2–3 EL Wodka • 2 EL Kokossirup • 1–2 EL Puderzucker • 300 g TK-Erdbeeren
200 g Sahne
2–3 TL Kokosraspel
Erdbeeren zum Dekorieren

1. Die Limette auspressen. Limettensaft, Wodka und Kokossirup in den Mixer geben. Den Puderzucker und die gefrorenen Erdbeeren zugeben.

2. Das Gerät schließen und alles auf höchster Stufe pürieren. Dann die Sahne dazugeben und kurz untermixen.

3. Das Eis in Portionsgläser füllen, mit Kokosraspel bestreuen. Die Erdbeeren zum Dekorieren teilweise in Stücke schneiden und das Eis mit ganzen und gestückelten Beeren dekorieren und sofort servieren.

Tipp

Das beste Ergebnis erzielen Sie, wenn alle Zutaten gut gekühlt sind.

Variationen

Ohne Alkohol: 1 ganze unbehandelte Limette verwenden. Die Limette heiß abwaschen und die Schale abreiben. Schale und Saft verwenden.

Mango-Kokos-Eis: 1 Mango schälen, das Fruchtfleisch vom Stein schneiden und würfeln. Die Würfel einfrieren und das Eis dann statt mit Erdbeeren mit den gefrorenen Mangowürfeln wie beschrieben herstellen.

Für 6 Portionen

- Zubereitungszeit: ca. 10 Min.
- ca. 190 kcal je Portion

Melly

Honigeiscreme

4 frische Eigelbe • 125 g Tannenhonig	
200 ml Vollmilch	
250 g Crème double	

1. Die Eigelbe und 100 g Honig in einer Schüssel hellgelb und danach schaumig schlagen.

2. Die Milch erhitzen und zur Eiercreme geben, dabei weiterrühren. Alles unter Rühren erhitzen, bis die Masse dicklich wird.

3. Die Eiercreme in eine Metallschüssel geben und in kaltes Wasser stellen. Die Creme unter gelegentlichem Rühren abkühlen lassen, das Wasser gegebenenfalls einmal wechseln.

4. Die abgekühlte Eiercreme etwa 1 Stunde im Kühlschrank durchkühlen lassen. Die Creme erneut durchrühren, in die laufende Eismaschine geben und etwa 15 Minuten gefrieren lassen.

5. Inzwischen die Crème double mit den Quirlen des Handrührgeräts cremig schlagen. Vorsichtig unter die Eiercreme mischen und weitere 15 Minuten gefrieren lassen.

6. Die Masse rasch in einen Spritzbeutel mit Sterntülle füllen und in Portionsgläser spritzen. Mit dem restlichen Honig beträufeln und sofort servieren.

Tipps

Nehmen Sie eine beliebige Honigsorte nach Ihrem Geschmack! Besonders fein schmeckt dieses Eis, wenn Sie 50 g griechischen Thymianhonig und 75 g Akazienhonig mischen.

- low fat
- raffiniert
- nussig
- fruchtig
- sahnig ✓
- für Kids ✓

Für 6 Portionen

- Zubereitungszeit: ca. 45 Min.
- Kühlzeit: ca. 1 Std.
- Gefrierzeit: ca. 30 Min.
- ca. 270 kcal je Portion

- low fat
- **raffiniert ✓**
- nussig
- fruchtig
- **sahnig ✓**
- für Kids

Zitronella

Zitronengraseis

4 Stängel Zitronengras
1/2 l Milch
4 frische Eigelbe • 150 g Zucker
200 g Sahne
Zitronenzesten zum Garnieren

1. Das Zitronengras abspülen und auf Topfgröße kürzen. Die Stängel der Länge nach halbieren und mit der Kuchenrolle platt rollen.

2. Zitronengras und Milch aufkochen und zugedeckt 20 Minuten beiseite stellen.

3. Eigelbe und Zucker mit den Quirlen des Handrührgeräts hellgelb und cremig schlagen. Das dauert etwa 5 Minuten.

4. Die Milch erneut aufkochen, dann das Zitronengras herausnehmen. 3 EL Milch zur Creme geben und unterrühren. Die restliche Milch langsam zugießen, dabei weiterrühren.

5. Die Eiermilch vorsichtig unter Rühren erhitzen, bis sie dicklich wird. Die Eiercreme in eine Metallschüssel geben und sofort in kaltes Wasser stellen. Die Creme darin unter gelegentlichem Rühren abkühlen lassen, dabei das Wasser eventuell einmal wechseln.

6. Die abgekühlte Eiercreme etwa 1 Stunde im Kühlschrank durchkühlen lassen. Die Creme dann erneut durchrühren und in die laufende Eismaschine geben; 25 Minuten gefrieren lassen.

7. Inzwischen die Sahne sehr steif schlagen und vorsichtig unter das Zitronengraseis heben; eventuell noch kurz weitergefrieren lassen. Das Eis in einen Spritzbeutel mit großer Sterntülle füllen, sofort in Portionsgläser spritzen, mit Zitronenzesten garnieren und servieren.

Für 6 Portionen

- Zubereitungszeit: ca. 45 Min.
- Kühlzeit: ca. 1 Std.
- Gefrierzeit: ca. 25 Min.
- ca. 300 kcal je Portion

Traum in Weiß mit Sweet Crunch

Vanilleeis mit Walnusskrokant

low fat
raffiniert
nussig ✓
fruchtig
sahnig ✓
für Kids ✓

Für 6 Portionen

- Zubereitungszeit: ca. 1 ¼ Std.
- Kühlzeit: ca. 2 Std.
- Gefrierzeit: ca. 20 Min.
- ca. 330 kcal je Portion

200 ml Milch • 200 g Sahne • ½ Vanilleschote • 1 Prise Salz
3 frische Eigelbe • 115 g Zucker • 50 g Kondensmilch
100 g frische Walnusskerne
30 g Butter • 40 g Ahornsirup
Zitronenmelisse zum Garnieren

1. Die Milch und 100 g Sahne in einen Topf geben und erhitzen. Die Vanilleschote längs aufschlitzen, das Mark mit einem Löffelchen herauskratzen und mit der Schote und dem Salz zur Sahnemilch geben. Alles unter Rühren einmal aufkochen lassen, sofort von der Platte nehmen und die Schote herausnehmen.

2. Die Eigelbe mit etwa 80 g Zucker cremig schlagen, dann die heiße Sahnemilch unter Rühren dazulaufen lassen. Die Flüssigkeit zurück in den Topf gießen und unter Rühren erhitzen, bis die Masse leicht andickt. Die Kondensmilch einrühren, die Masse umfüllen, etwa 30 Minuten abkühlen lassen und dann für 1 Stunde in den Kühlschrank stellen.

3. Die restliche Sahne steif schlagen und unter die gekühlte Masse ziehen. Die Mischung in die laufende Eismaschine geben und 15–20 Minuten gefrieren lassen.

4. Während die Eismasse im Kühlschrank ist, die Walnusskerne grob hacken und in einer Pfanne ohne Fett nur kurz anrösten; sie sollen nicht zu dunkel werden. Die Nüsse aus der Pfanne nehmen und beiseite stellen.

5. Die Butter, den Ahornsirup und den restlichen Zucker in die heiße Pfanne geben und unter Rühren erhitzen, bis sich der Zucker gelöst hat. Die Walnusskerne in die Butter-Zucker-Mischung geben. Alles kräftig verrühren und die Pfanne sofort vom Herd nehmen.

6. Die Masse auf ein Schneidebrett geben, etwas ausstreichen, mindestens 1 Stunde abkühlen lassen und dann mit einem scharfen Messer in Krokantstücke hacken.

7. Das Vanilleeis als Kugel portionieren und mit dem gehackten Walnusskrokant und einem Zweig Zitronenmelisse garnieren.

Tipp

Nehmen Sie nur frische Walnusskerne, geschälte Walnüsse schmecken schnell ranzig. In einem Schraubglas im Kühlschrank aufbewahrt, hält sich der Krokant einige Wochen.

links: Fidschi-Dream
rechts: Muggi

Fidschi-Dream

Kokoseis

low fat
raffiniert
nussig ✓
fruchtig
sahnig
für Kids ✓

Für 6 Portionen

- Zubereitungszeit: ca. 45 Min.
- Kühlzeit: ca. 1 Std.
- Gefrierzeit: ca. 3 Std.
- ca. 210 kcal je Portion

50 g Kokosraspel • 1/4 l Kokosmilch • 1/4 l Vollmilch
4 frische Eigelbe • 100 g Zucker

1. Die Kokosraspel in die Kokosmilch geben und bei kleiner Flamme 15 Minuten ziehen lassen. Die Vollmilch zugeben, gut verrühren und kurz aufkochen lassen. 20 Minuten beiseite stellen.

2. Eigelbe und Zucker in eine Schüssel geben und mit den Quirlen des Handrührgeräts hellgelb und cremig aufschlagen. Nach und nach die warme Kokosraspelmilch unter ständigem Rühren dazugeben und im heißen Wasserbad cremig aufschlagen. Die Eiercreme in eine Metallschüssel geben und in kaltes Wasser stellen. Die Creme unter gelegentlichem Rühren abkühlen lassen.

3. Ohne Eismaschine die Masse in einen Gefrierbehälter oder in Portionsförmchen geben und etwa 3 Stunden gefrieren. Die Eismasse im Gefrierbehälter jede halbe Stunde gut durchrühren.

Tipp

Ganz köstlich schmeckt das Kokoseis, wenn Sie es mit einer Whisky-Eischaum-Creme und Rosinen anrichten. Dazu 3 frische Eigelbe mit 3 EL Zucker schaumig schlagen. 25 cl Whisky mit 1/2 l Ale und einer Prise Muskatnuss vorsichtig erwärmen, aber nicht zu heiß werden lassen. Dann langsam unter ständigem Schlagen den Eierschaum zugeben. Warm mit dem Eis servieren.

Muggi

Nougateis

low fat
raffiniert ✓
nussig ✓
fruchtig
sahnig ✓
für Kids ✓

Für 4–6 Portionen

- Zubereitungszeit: ca. 40 Min.
- Kühlzeit: ca. 1 Std.
- Gefrierzeit: ca. 3 Std.
- ca. 475 kcal je Portion (bei 4 Portionen)

150 g französischer Nougat • 1/4 l Vollmilch • 10 g gemahlene Mandeln
4 frische Eigelbe • 30 g Honig
2 frische Eiweiße • 1 TL Zitronensaft • 10 g Zucker • 1/8 l geschlagene Sahne

1. Das Nougat klein schneiden. Die Milch langsam erhitzen, Nougat und Mandeln in die Milch geben. 5 Minuten bei mäßiger Hitze ständig durchrühren, etwas abkühlen lassen.

2. Die frischen Eigelbe und den Honig in eine Schüssel geben und mit den Quirlen des Handrührgeräts cremig aufschlagen. Die Nougatmilch zugeben und im heißen Wasserbad zu einer dicklichen Creme verrühren. Die Honig-Nougat-Creme in eine Metallschüssel geben und in kaltes Wasser stellen. Die Creme unter gelegentlichem Rühren abkühlen lassen.

3. Die Eiweiße mit dem Zitronensaft und dem Zucker steif schlagen. Zuerst den Eischnee, dann die Sahne unter die Honig-Nougat-Creme heben. Die Masse in eine kleine Form füllen und gefrieren lassen.

Thommys Dream

Gummibärcheneis

250 g Gummibärchen
150 g weiße Schokolade • 440 ml Milch • 100 g Sahne
2 frische Eigelbe • 50 g Blütenhonig • 50 g Zucker • 1 Prise Salz
6 EL Apfelsaft
Gummibärchen zum Dekorieren

1. Am Vorabend ein Drittel der Gummibärchen in 1/4 l Wasser einweichen.

2. Am Zubereitungstag die Schokolade in Stücke brechen und mit 4 EL Milch im Wasserbad unter Rühren schmelzen. Das Ganze etwas abkühlen lassen und die Sahne und die restliche Milch einrühren. Die Mischung etwa 1 Stunde in den Kühlschrank stellen.

3. Inzwischen die Eigelbe mit dem Honig, dem Zucker und dem Salz cremig schlagen, bis die Masse fast weiß ist. Die Schokoladenmilch in die Eigelbmasse gießen, alles gut miteinander verrühren. Die Eismischung in die laufende Eismaschine füllen und etwa 35 Minuten gefrieren lassen.

4. Die eingeweichten Gummibärchen aus dem Wasser nehmen und in grobe Stücke schneiden.

5. Die restlichen Gummibärchen im Wasserbad mit dem Apfelsaft unter Rühren schmelzen.

6. Die Gummibärchenstücke und die geschmolzenen Gummibärchen unter die Eismasse rühren.

7. Die Eismasse in nur für diesen Zweck gekaufte Sandförmchen füllen. Die Oberfläche glatt streichen. Die Förmchen zugedeckt in den Gefrierschrank stellen. Vor dem Servieren einige Minuten herausstellen und mit Gummibärchen dekoriert servieren.

low fat
raffiniert ✓
nussig
fruchtig
sahnig
für Kids ✓

Für 10 Portionen

- Zubereitungszeit: ca. 1 Std.
- Kühlzeit: ca. 1 Std.
- Gefrierzeit: ca. 35 Min.
- ca. 220 kcal je Portion

Cocolala

Buttermilch-Kokos-Eis

½ l Buttermilch • 100 g Kokosraspel
4 frische Eigelbe • 150 g Zucker
100 g saure Sahne
2 Kokosnüsse zum Anrichten
Zitronenmelisse zum Garnieren

1. Die Buttermilch erhitzen, aber nicht kochen lassen. Die Kokosraspel in einer Pfanne nur kurz anrösten – sie dürfen keinesfalls braun werden –, dann zur Buttermilch geben und die Kokos-Buttermilch pürieren.

2. Die Eigelbe mit 100 g Zucker schaumig schlagen. Die Kokos-Buttermilch unter Rühren zur Eigelbmasse geben. Alles wieder in den Topf füllen und unter Rühren erhitzen, bis die Mischung andickt. Den restlichen Zucker einrühren, bis er sich aufgelöst hat.

3. Die Kokosmasse mindestens 30 Minuten abkühlen lassen, dann die saure Sahne unterrühren und das Ganze für 1 Stunde in den Kühlschrank stellen.

4. Die gekühlte Masse noch einmal durchrühren, in die laufende Eismaschine geben und etwa 25 Minuten gefrieren lassen.

5. Die Kokosnüsse aufbrechen. Die Kokosmilch abgießen, beiseite stellen und für ein anderes Gericht verwenden. Das Buttermilch-Kokos-Eis zu Kugeln portionieren und in die Kokosnusshälften geben. Mit Kokosfleischspänen und Zitronenmelisse garnieren.

Tipp

Eine Kokosnuss öffnet man, indem man 2 Augen der Nuss mit einem Nagel durchsticht und die Kokosmilch in eine Schüssel gießt. Die Nuss rundum mit dem Hammer anschlagen und auseinander brechen.

low fat
raffiniert ✓
nussig ✓
fruchtig
sahnig
für Kids

Für 10 Portionen

- Zubereitungszeit: ca. 45 Min.
- Kühlzeit: ca. 1 ½ Min.
- Gefrierzeit: ca. 25 Min.
- ca. 180 kcal je Portion

Rosenteller

Roseneis und Mohn-Marzipan-Eis

low fat
raffiniert ✓
nussig
fruchtig
sahnig
für Kids

Für 6 Portionen

- Zubereitungszeit: ca. 1 ½ Std.
- Kühlzeit: ca. 2 Std.
- Gefrierzeit: ca. 35 Min.
- ca. 240 kcal je Portion

6 Beutel Malventee

90 g Zucker • 2 EL Rosenwasser

2 frische Eiweiße • 2 EL Honig • 2 TL Zitronensaft • 250 g Quark • 50 g Sahne

50 g Marzipanrohmasse • 50 g Mohnback-mischung (fertige Kuchenfüllung) • 1 frisches Ei • 2 EL Puderzucker • 200 ml Buttermilch • 1 Prise Salz

1 EL Speisestärke

ungespritzte rote Rosenblätter zum Dekorieren • Zitronenmelisse zum Dekorieren

1. Für das Roseneis am Vortag 330 ml Wasser mit den Teebeuteln aufkochen und auf der ausgeschalteten Herdplatte 10 Minuten ziehen lassen. Die Teebeutel mit einer Gabel vorsichtig ausdrücken, 200 ml Tee für die Sauce beiseite stellen.

2. Im restlichen Tee 4 EL Zucker auflösen und 1 EL Rosenwasser dazugeben. Den Tee 30 Minuten abkühlen lassen und dann 1 Stunde in den Kühlschrank stellen.

3. Inzwischen 1 Eiweiß mit dem Honig und 1 TL Zitronensaft cremig schlagen. Die Hälfte des Quarks, die Sahne, den Tee und das Eiweiß verrühren. Die Masse in die laufende Eismaschine füllen und in 10–20 Minuten gefrieren lassen. Das Roseneis in eine Gefrierschale füllen und im Gefriergerät aufbewahren.

4. Am Zubereitungstag für das Mohn-Marzipan-Eis die Marzipanrohmasse in kleine Würfel schneiden und mit der Mohnmischung, dem Ei, dem restlichen Rosenwasser und 1 EL Puderzucker gut verrühren. Den restlichen Quark und die Buttermilch einrühren, bis sich das Marzipan und der Zucker ganz aufgelöst haben. Alles 1 Stunde in den Kühlschrank stellen.

5. Nach Ende der Kühlzeit das restliche Eiweiß mit dem restlichen Puderzucker, dem restlichen Zitronensaft und dem Salz steif schlagen. Den Eischnee unter die Marzipanmasse rühren, alles in die laufende Eismaschine geben und etwa 15 Minuten gefrieren lassen.

6. Für die Sauce den restlichen Zucker in den restlichen Malventee geben und rühren, bis er sich vollständig aufgelöst hat. Die Speisestärke einrühren und alles unter ständigem Rühren einmal aufkochen.

7. Von beiden Eissorten je 1 Kugel in einem Eisbecher anrichten. Mit der warmen Sauce begießen und mit einigen Rosenblättern und Zitronenmelisse dekorieren.

Tipp

Sie können dieses Dessert auch mit Malvenblüten und ein paar Sahnetupfen dekorieren.

Black Beauty
Eismohrenköpfe

6 Mohrenköpfe
1–2 EL Puderzucker • 1/4 l Milch
100 g Zartbitterkuvertüre

1. Die Mohrenköpfe vorsichtig zerlegen: Dazu die Waffel und den Schokoladenguss ablösen und beiseite stellen. Den Zuckerschaum in eine Schüssel geben.

2. Den Puderzucker und die Milch zum Zuckerschaum geben und alles zu einer homogenen Creme verrühren. Diese in die Eismaschine füllen und etwa 10 Minuten gefrieren. Den abgelösten Schokoladenguss zur Eismasse geben und alles weitere 10–15 Minuten gefrieren lassen.

3. Inzwischen die Mohrenkopfwaffeln auf einer Platte auslegen. Nach Ablauf der Gefrierzeit mit einem großen Eiskugelportionierer (Größe 14) auf jede Waffel eine Kugel aus der Eismasse setzen. Die Eismohrenköpfe noch für 1–2 Stunden im Gefriergerät nachgefrieren lassen.

4. Rechtzeitig vor dem Servieren die Kuvertüre im Wasserbad schmelzen. Die gefrorenen Eismohrenköpfe mit der geschmolzenen Schokolade überziehen.

Tipps

Anstelle von Zartbitterkuvertüre können Sie Vollmilch- oder weiße Kuvertüre verwenden.

Sie können auch Schokolade mit 1 EL Kokosfett schmelzen, dann bekommt der Überzug einen besonders schönen Glanz.

Zusätzlich können Sie den Schokoladenüberzug mit Kokosraspel, Schokoraspel oder bunten Zuckerstreuseln bestreuen.

low fat
raffiniert ✓
nussig
fruchtig
sahnig
für Kids ✓

Für 6 Portionen

- Zubereitungszeit: ca. 30 Min.
- Gefrierzeit: ca. 2 1/2 Std.
- ca. 210 kcal je Portion

low fat
raffiniert ✓
nussig
fruchtig
sahnig ✓
für Kids

Beschwipste Sultanine

Sultaninen-Wein-Eis

80 g Sultaninen • 70 ml Malaga
400 ml Milch • 1 Prise Salz • 4 frische Eigelbe •
2 P. Vanillinzucker • 130 g Zucker •
1 EL Puderzucker
200 g Sahne • 2 TL Krokant
Krokant zum Garnieren •
Pfefferminzblättchen zum Garnieren

1. Die Sultaninen mit 3 EL Malaga mischen und über Nacht ziehen lassen.

2. Die Milch mit dem Salz aufkochen. Die Eigelbe mit dem Zucker cremig schlagen, die Milch dazurühren und alles bei schwacher Hitze andicken lassen. Den restlichen Malaga einrühren. Die Masse abkühlen lassen und im Kühlschrank 1 Stunde kühlen.

3. Die Sahne schlagen und in die Eismasse einrühren. Die Mischung 45 Minuten gefrieren lassen. Nach 30 Minuten die Weinsultaninen sowie den Krokant zugeben.

4. Das Sultaninen-Wein-Eis zu Kugeln portionieren. Je 3 Eiskugeln in einem Schälchen anrichten, mit etwas Krokant bestreuen und mit Pfefferminzblättchen garnieren.

Für 8 Portionen

- Zubereitungszeit: ca. 45 Min.
- Ruhezeit: ca. 12 Std.
- Kühlzeit: ca. 1 Std.
- Gefrierzeit: ca. 45 Min.
- ca. 310 kcal je Portion

links: Yoyo
rechts:
Happy Schoko

Yoyo

Joghurteis

- low fat
- raffiniert
- nussig
- fruchtig
- sahnig ✓
- für Kids ✓

Für 10 Portionen

- Zubereitungszeit: ca. 25 Min.
- Gefrierzeit: ca. 25 Min.
- ca. 170 kcal je Portion

200 g Sahne • 80 g Puderzucker

500 g Joghurt in beliebiger Geschmacksrichtung (z. B. Fruchtjoghurt oder Nussjoghurt) • 2 frische Eier

frische Himbeeren zum Garnieren • Eiswaffeln zum Garnieren • Pfefferminzblättchen zum Garnieren

1. Die Sahne mit dem Puderzucker zu einer cremigen Masse schlagen.

2. Den Joghurt mit den Eiern verquirlen und die Sahne unterziehen.

3. Die Masse in die laufende Eismaschine geben und etwa 25 Minuten gefrieren lassen. Inzwischen die Himbeeren waschen und trockentupfen.

4. Das Eis zu Kugeln portionieren, in eine Eisschale geben und mit Himbeeren, je 1 Eiswaffel und Pfefferminzblättchen garnieren.

Tipp

Mit diesem Grundrezept können Sie Ihre bevorzugte Joghurtsorte schnell und einfach zu einem schmackhaften Eis verarbeiten. Da dieses Eis eine recht feste Konsistenz hat, können Sie Alkoholika dazugeben, die den Geschmack verbessern; die Eismasse wird dadurch aber auch weicher.

Happy Schoko

Schokoladeneis

- low fat
- raffiniert
- nussig
- fruchtig
- sahnig ✓
- für Kids ✓

Für 8 Portionen

- Zubereitungszeit: ca. 45 Min.
- Kühlzeit: ca. 1 ½ Std.
- Gefrierzeit: ca. 30 Min.
- ca. 230 kcal je Portion

¼ l Milch • 3 frische Eigelbe • 1 P. Vanillinzucker • 80 g Zucker

100 g Vollmilchschokolade • 200 g Sahne • 1 TL Kakaopulver

Borkenschokolade zum Garnieren

1. Die Milch in einem Topf erhitzen und einmal aufkochen lassen. Inzwischen die Eigelbe mit dem Vanillinzucker zu einer festen Schaummasse schlagen. Dabei den Zucker nach und nach dazurieseln lassen. Die heiße Milch unter ständigem Rühren mit dem Schneebesen langsam in die Eischaummasse gießen. Die Eiermilch wieder in den Milchtopf füllen und nochmals unter Rühren erhitzen, bis die Flüssigkeit leicht andickt; von der Platte nehmen.

2. Die Schokolade mit 3 EL Sahne im Wasserbad unter Rühren schmelzen und sofort mit 1 gehäuften TL Kakao unter die Eiermilch rühren, bis die Schokolade ganz aufgelöst ist. Die Mischung 30 Minuten abkühlen lassen, dann 1 Stunde in den Kühlschrank stellen.

3. Die restliche Sahne leicht aufschlagen und unter die Schokoladenmilch rühren. Das Ganze in die laufende Eismaschine geben und etwa 30 Minuten gefrieren lassen.

4. Das Eis zu Kugeln portionieren, in eine Eisschale geben und mit Borkenschokolade garnieren.

Glücksstern

Brombeereis

400 g Brombeeren • 70 g Zucker
1/2 Tasse Wasser
3 frische Eigelbe • 2 EL Puderzucker •
2 EL Brombeerlikör • 400 g geschlagene Sahne

1. Die Brombeeren mit der Hälfte des Zuckers in eine Kasserolle geben, gut verrühren, etwa 10 Minuten kochen. Die Masse durch ein Sieb streichen und abkühlen lassen.

2. Das Wasser mit dem restlichen Zucker in einer Kasserolle erhitzen und unter ständigem Rühren den Zucker auflösen. Bei stärkster Hitze kochen, bis der Sirup Fäden zieht. Leicht abkühlen lassen.

3. Die Eigelbe und den Sirup in eine Schüssel geben und mit den Quirlen des Handrührgeräts schaumig aufschlagen. Den Puderzucker mit dem Brombeerlikör und dem Brombeerpüree vermischen und zum Eierschaum geben. Die Schlagsahne unterheben.

4. Die Brombeermasse in eine Form geben, diese verschließen oder abdecken und zu Eis gefrieren lassen.

Tipp

Das Eis ist besonders cremig, wenn Sie es eine Stunde vor dem Servieren aus dem Eisfach in den Kühlschrank stellen.

- low fat
- raffiniert
- nussig
- **fruchtig ✓**
- **sahnig ✓**
- für Kids

Für 6 Portionen

- Zubereitungszeit: ca. 45 Min.
- Gefrierzeit: ca. 4 Std.
- ca. 320 kcal je Portion

Pirate of the Caribbean

Rum-Rosinen-Eis

3 EL Rum (73 %) • 3 EL Malaga • 75 g Sultaninen
4 frische Eigelbe • 125 g Zucker
550 g Sahne

1. Den Rum mit dem Malaga mischen. Sultaninen darin einweichen und ziehen lassen.

2. Die Eigelbe und den Zucker in eine Schüssel geben und mit dem Handrührgerät sehr schaumig aufschlagen.

3. Die Hälfte der Sahne in eine Kasserolle geben. Bis kurz vor dem Siedepunkt erhitzen und sofort unter den Eierschaum rühren. Im Wasserbad zu einer cremigen Masse aufschlagen. Durch ein feines Sieb passieren und abkühlen lassen.

4. Die andere Hälfte der Sahne steif schlagen und unter die Eiermasse heben. Die Creme in einen verschließbaren Behälter geben und gefrieren lassen.

5. Sobald ein 2–3 Zentimeter dicker Rand gefroren ist, die Eismasse gut durchrühren und das Rum-Malaga-Sultaninengemisch unterrühren. Zurück ins Eisfach geben und fertig gefrieren lassen.

low fat
raffiniert
nussig
fruchtig ✓
sahnig ✓
für Kids

Für 4–6 Portionen

- Zubereitungszeit: ca. 50 Min.
- Gefrierzeit: ca. 4 Std.
- ca. 690 kcal je Portion (bei 4 Portionen)

Tolle Kamelle

Karamelleis

- low fat
- raffiniert
- nussig
- fruchtig
- **sahnig ✓**
- **für Kids ✓**

Für 5 Portionen

- Zubereitungszeit: ca. 30 Min.
- Kühlzeit: ca. 1 Std.
- Gefrierzeit: ca. 30 Min.
- ca. 270 kcal je Portion

100 g Zucker
100 ml Kondensmilch • 1/8 l Milch
2 frische Eigelbe • 200 g Sahne

1. Den Zucker in einer Pfanne bei mittlerer Hitze unter Rühren schmelzen, bis er hellbraun ist. Die Pfanne von der Platte nehmen.

2. Die Kondensmilch zum Karamell geben und kräftig rühren, bis die Masse wieder glatt ist. Die Pfanne zurück auf den Herd stellen und die Masse noch etwas köcheln lassen, damit sie eindickt und sich der Karamell besser auflöst. Die Milch dazugießen und die Mischung nochmals glatt rühren. Die Karamellmilch umfüllen, abkühlen lassen und mindestens 1 Stunde kühl stellen.

3. Nach Ablauf der Kühlzeit die Eigelbe mit 1 EL Sahne schaumig schlagen und den Rest flüssige Sahne unterziehen. Die Eiersahne mit der Karamellflüssigkeit vermischen und das Ganze in der Eismaschine 25–30 Minuten gefrieren lassen.

4. Das Karamelleis zu großen Kugeln portionieren und in einer Eisschale servieren.

Tipp

Verwenden Sie zur Herstellung des Karamells am besten eine unbeschichtete Pfanne mit schwerem Boden, dann brennt der Zucker nicht so leicht an und bräunt gleichmäßiger.

low fat ✓
raffiniert
nussig
fruchtig ✓
sahnig
für Kids ✓

Fresh & Cool

Zitroneneis

4–5 Zitronen
450 g Vollmilch-Naturjoghurt • 150 g Puderzucker
4 frische Eiweiße • 1 Prise Salz
Zitronenspalten zum Garnieren •
Zitronenmelisse zum Garnieren

1. Die Zitronen halbieren, auspressen und 200 ml Saft abmessen.

2. Joghurt, Zitronensaft und 50 g Puderzucker in einer Schüssel mit dem Schneebesen cremig rühren. Die Mischung für etwa 1 Stunde in den Kühlschrank stellen.

3. Gegen Ende der Kühlzeit die Eiweiße mit dem restlichen Zucker und dem Salz steif schlagen, bis sich Spitzen zeigen. Den Eischnee unter die Joghurt-Zitronen-Masse ziehen, bis alles gleichmäßig untergemischt ist.

4. Die Masse in die laufende Eismaschine füllen und etwa 35 Minuten gefrieren lassen.

5. Das Zitroneneis zu Kugeln portionieren und in eine Schale geben. Mit einer Zitronenspalte und Zitronenmelisse dekorieren.

Tipps

Eischnee ist fertig geschlagen, wenn er schaumig-fest ist und sich leicht von der Gefäßwand abhebt. Schlagen Sie dann nicht weiter, da sich die Masse sonst wieder zersetzt und zusammenfällt.

Statt das Eis in einem Schälchen zu portionieren, können Sie es auch in ein niedriges Trinkglas geben.

Für 4 Portionen

- Zubereitungszeit: ca. 20 Min.
- Kühlzeit: ca. 1 Std.
- Gefrierzeit: ca. 35 Min.
- ca. 150 kcal je Portion

links: Sweety
Mitte: Kiwi4You

Sweety

Marzipaneis

- low fat
- raffiniert ✓
- nussig
- fruchtig
- sahnig ✓
- für Kids

Für 4 Portionen

- Zubereitungszeit: ca. 1 Std.
- Gefrierzeit: ca. 3 Std.
- ca. 530 kcal je Portion

100 g Zucker • 3 frische Eigelbe
½ Vanilleschote • ⅛ l Milch •
50 g Marzipanrohmasse
100 g gehobelte Mandeln • 4 EL Amaretto
150 g geschlagene Sahne

1. Den Zucker und die Eigelbe in eine Schüssel geben und mit den Quirlen des Handrührgeräts hellgelb und cremig aufschlagen.

2. Die halbe Vanilleschote aufschneiden und das Vanillemark herauskratzen. Die Milch in einen Topf geben, mit der ausgekratzten Schote und dem Mark aufkochen und 10 Minuten ziehen lassen. Das Marzipan in kleine Stücke schneiden und unter Rühren in der heißen Milch auflösen.

3. Die heiße Marzipanmilch mit der Eiermasse verrühren. Die Marzipancreme in eine Metallschüssel geben, in kaltes Wasser stellen und unter gelegentlichem Rühren abkühlen lassen.

4. Die Mandeln in einer Pfanne ohne Fett anrösten und in die Marzipancreme geben. Den Amaretto einrühren und die Sahne unterheben.

5. Die Masse in kleine Portionsförmchen füllen und gefrieren

Kiwi4You

Stachelbeer-Kiwi-Eis

- low fat
- raffiniert
- nussig
- fruchtig ✓
- sahnig ✓
- für Kids

Für 4–6 Portionen

- Zubereitungszeit: ca. 45 Min.
- Gefrierzeit: ca. 4 Std.
- ca. 400 kcal je Portion (bei 4 Portionen)

200 g Kiwis • 300 g weiße Stachelbeeren •
125 g feiner Zucker • 4 EL Wasser
4 frische Eiweiße • 75 g Puderzucker •
150 g geschlagene Sahne

1. Die Kiwis schälen und in Stücke schneiden. Kiwistücke, Stachelbeeren, Zucker und Wasser in einen Topf geben, den Deckel auflegen und etwa 15 Minuten kochen. Noch warm pürieren, durch ein Sieb passieren und abkühlen lassen.

2. Die Eiweiße steif schlagen, dabei nach und nach den Puderzucker einsieben. Das Kiwi-Stachelbeer-Püree und die geschlagene Sahne vermischen, den Eischnee unterziehen.

3. Die Fruchtmasse in einen Gefrierbehälter geben, abdecken und gefrieren. 30 Minuten vor dem Servieren aus dem Gefrierfach in den Kühlschrank stellen.

links unten: Calorio
rechts unten: Sommergruß
Mitte: Göttertraum

Sommergruß

Erdbeerfruchteis

low fat ✓
raffiniert
nussig
fruchtig ✓
sahnig
für Kids ✓

Für 8 Portionen

- Zubereitungszeit: ca. 15 Min.
- Gefrierzeit: ca. 3 Std.
- ca. 270 kcal je Portion

500 g frische Erdbeeren • 1/2 l Läuterzucker • 1 EL Zitronensaft

1. Die Erdbeeren pürieren, mit dem kalten Läuterzucker verrühren, Zitronensaft zugeben und gefrieren.

2. Während des Gefrierens jede halbe Stunde die Masse mit dem elektrischen Handrührgerät einmal kräftig durchrühren.

Tipp

Läuterzucker benötigen Sie für viele Eissorten sowie für Parfaits. Er lässt sich leicht selbst herstellen. Geben Sie dazu 1,5 kg Zucker und 1/2 l Wasser in eine Kasserolle und lösen Sie den Zucker unter Rühren auf. Bringen Sie die Lösung bei mittlerer Hitze langsam zum Kochen und schöpfen Sie den sich bildenden Schaum ab. Sobald sich kein Schaum mehr bildet, ist der Zucker geläutert und lässt sich ausgekühlt längere Zeit aufbewahren.

Calorio

Johannisbeerfruchteis

low fat ✓
raffiniert
nussig
fruchtig ✓
sahnig
für Kids

Für 8 Portionen

- Zubereitungszeit: ca. 30 Min.
- Gefrierzeit: ca. 4 Std.
- ca. 170 kcal je Portion

500 g schwarze Johannisbeeren • 2 EL Wasser
1/4 l Läuterzucker • 1 EL Zitronensaft
2 frische Eiweiße • 1 EL Vanillezucker

1. Die Beeren von den Stielen pflücken, in einen Topf geben und mit 2 EL Wasser weich kochen. Durch ein feines Sieb streichen.

2. Das Fruchtpüree mit dem Läuterzucker und dem Zitronensaft gut verrühren. In einen Gefrierbehälter füllen und im Gefrierfach ca. 1 1/2 Stunden anfrieren lassen.

3. Die Eiweiße mit dem Vanillezucker sehr steif schlagen, unter das angefrorene Eis heben. Dieses nochmals etwa 2 1/2 Stunden gefrieren lassen.

4. 15 Minuten vor dem Servieren im Kühlschrank leicht antauen lassen.

Tipp

Sehr gut passt Limonenschaum dazu. Dazu 3 frische Eigelbe mit 100 g Zucker und 1 TL Speisestärke verrühren. Je 1/8 l Limonensaft und Weißwein dazu geben und im heißen Wasserbad cremig aufschlagen.

Variation

Das Eis schmeckt auch mit Heidelbeeren ausgezeichnet.

low fat ✓
raffiniert
nussig
fruchtig ✓
sahnig
für Kids ✓

Göttertraum

Ananasfruchteis

1 frische Ananas • $^3/_4$ l Läuterzucker (S. 40)
1 frisches Eiweiß • 1 kleine Prise Salz

1. Den Ananasstrunk entfernen, die Frucht halbieren und das Fruchtfleisch herausschneiden, dabei den Saft auffangen. Das Fruchtfleisch zusammen mit dem Saft pürieren und mit dem Läuterzucker verrühren.

2. Die Ananasmasse in ein Gefäß füllen und 3 Stunden gefrieren lassen, dabei mehrmals umrühren.

3. Das Eiweiß mit dem Salz steif schlagen, mit dem Ananaseis gut verrühren. Das Eis weitere 3 Stunden gefrieren lassen. 10 Minuten vor dem Servieren aus dem Gefrierfach in den Kühlschrank stellen.

Variation

Statt Ananas können Sie auch Aprikosen verwenden.

Für 8 Portionen

- Zubereitungszeit: ca. 40 Min.
- Gefrierzeit: ca. 6 Std.
- ca. 400 kcal je Portion

obenauf liegend:
Pünktchen-Anton
darunter:
Weißer Pfiff

Pünktchen-Anton

Möhreneis mit Pistazien

low fat
raffiniert ✓
nussig ✓
fruchtig
sahnig ✓
für Kids

Für 6 Portionen

- Zubereitungszeit: ca. 25 Min.
- Gefrierzeit: ca. 6 Std.
- ca. 120 kcal je Portion

1 kleine Möhre
30 g gehackte Pistazien
125 g Crème double • 125 ml Möhrensaft, ungesüßt • 2 EL Zitronensaft • 1/4 TL Salz • weißer Pfeffer aus der Mühle • 1 Prise Zucker

1. Die Möhre waschen, schälen und auf einer Gemüsereibe sehr fein raspeln.
2. Die Eisförmchen mit Wasser spülen. Jeweils 1 1/2 EL Pistazien in die Förmchen geben und diese gut schütteln, sodass die Pistazien an der Förmcheninnenwand kleben bleiben.
3. Die Crème double mit den Schneebesen des Handrührgeräts cremig aufschlagen. Den Möhrensaft bei laufendem Gerät langsam einrühren. Die Möhrenraspel unter die Eismasse heben und alles mit Zitronensaft, Salz, Pfeffer und Zucker abschmecken.
4. Die Eismasse in die Förmchen (etwa 50 ml Volumen) füllen, diese mit dem Deckel fest verschließen und das Eis im Gefrierfach etwa 6 Stunden gefrieren lassen.

Tipp

Statt der Pistazien können Sie Walnüsse nehmen.

Weißer Pfiff

Weißer-Pfeffer-Eis

low fat
raffiniert ✓
nussig
fruchtig
sahnig ✓
für Kids

Für 6 Portionen

- Zubereitungszeit: ca. 45 Min.
- Gefrierzeit: ca. 8 Std.
- ca. 120 kcal je Portion

1 EL weiße Pfefferkörner
100 ml Milch • 100 g Sahne
10 g weiße Schokolade • 2 frische Eigelbe • 25 g Puderzucker • etwas Jodsalz
1 EL Grand Marnier
etwas Mandarinensirup

1. Die Pfefferkörner ohne Fett bei mittlerer Hitze unter Rühren etwa 3 Minuten rösten. Dann die Körner im Mörser grob zerstoßen und zurück in den Topf geben.
2. Die Milch und die Sahne zum Pfeffer geben und aufkochen. Vom Herd nehmen und zugedeckt 20 Minuten ziehen lassen.
3. Schokolade hacken. Eigelbe, Zucker und 1 Prise Salz hellgelb und cremig aufschlagen.
4. Die Pfeffermilch nach und nach durch ein Sieb zur Eigelbcreme gießen und unterrühren. Die Eiermilch vorsichtig unter Rühren erhitzen, bis die Creme dicklich wird.
5. Die Creme auf die Schokolade geben und diese unterrühren. Mit Grand Marnier aromatisieren. Die Creme im kalten Wasserbad unter gelegentlichem Rühren abkühlen.
6. Die Creme in die Förmchen (etwa 50 ml Volumen) füllen, verschließen und im Gefrierfach mindestens 8 Stunden gefrieren lassen. Die Förmchen dabei zuerst halbstündlich, dann jede Stunde von unten nach oben drehen.
7. Den Mandarinensirup in ein hohes Gefäß geben, das Eis aus der Form lösen und zum Überziehen kurz in den Sirup tauchen.

low fat ✓
raffiniert ✓
nussig
fruchtig
sahnig
für Kids

Für 6 Portionen

- Zubereitungszeit: ca. 25 Min.
- Gefrierzeit: ca. 15 Min.
- ca. 50 kcal je Portion

Cucumbra

Gurkeneis

1 mittelgroße Salatgurke
2 EL Zitronensaft • 1 EL Sonnenblumenöl • 1 EL Olivenöl • 1 P. TK-Kräutermischung (alternativ: ca. 3 EL frische, sehr fein gehackte Kräuter) • 1/2–1 TL Salz • etwas Zucker • etwas schwarzer Pfeffer aus der Mühle
2 frische Eiweiße • 1 Prise Salz
6 Zweige Dill zum Dekorieren

1. Die Gurke schälen und einige dünne Scheiben abschneiden. Diese mit Folie bedeckt in den Kühlschrank stellen. Die restliche Gurke längs halbieren und die Kerne herausschaben.

2. Die Gurkenhälften in grobe Stücke schneiden und mit dem Zitronensaft, dem Öl, der Kräutermischung und dem Salz pürieren. Wenn keine Kräutermischung verwendet wird, die gehackten Kräuter und etwas Zucker hinzufügen.

3. Das Püree mit Salz und Pfeffer pikant abschmecken, eventuell mit Zucker und Zitronensaft nachwürzen.

4. Die Eiweiße mit 1 Prise Salz steif schlagen und den Eischnee mit dem Schneebesen unter das Gemüsepüree ziehen, bis keine Flöckchen mehr zu sehen sind. Das Ganze nochmals abschmecken, in die laufende Eismaschine füllen und 15 Minuten gefrieren lassen.

5. Das Gurkeneis mit einem Eisschaber auf Schälchen verteilen. Die Gurkenscheiben auf Holzspieße stecken. Das Eis mit je 1 Gurkenspieß und 1 Zweig Dill dekorieren.

low fat
raffiniert ✓
nussig
fruchtig
sahnig
für Kids

Saure Lotte

Sauerkrauteis mit Mascarpone

3 Äpfel (Granny Smith)
150 g frisches Sauerkraut • 150 g Zucker • 50 ml Weißwein
100–150 ml Sauerkrautsaft • 1–2 EL Calvados
125 g Mascarpone • 125 g saure Sahne
einige Apfelspalten zum Dekorieren

1. Die Äpfel waschen, die Kerngehäuse herausschneiden und das Fruchtfleisch klein schneiden.

2. Sauerkraut, Zucker, Wein und Äpfel in einem Topf aufkochen und zugedeckt 20 Minuten ganz sanft köcheln lassen. Das Apfelsauerkraut dann mit dem Mixstab pürieren und durch ein feines Sieb streichen.

3. Das Püree mit Sauerkrautsaft und Calvados abschmecken. Die Masse in eine Metallschüssel geben und im kalten Wasserbad abkühlen lassen. Gelegentlich umrühren und eventuell einmal das Wasser wechseln.

4. Das abgekühlte Püree 1 Stunde kalt stellen. Dann die Sauerkrautmasse erneut durchrühren und in die laufende Eismaschine geben. Etwa 15 Minuten gefrieren lassen.

5. Inzwischen Mascarpone und saure Sahne mit den Quirlen des Handrührgeräts aufschlagen. Unter die Sauerkrautmasse rühren und weitere 15 Minuten gefrieren lassen. Das Sauerkrauteis in Schälchen spritzen, mit Apfelspalten dekorieren und sofort servieren.

Tipps

Calvados ist ein französischer Apfelbranntwein aus der Normandie, der bis zu 6 Jahren im Eichenholzfass reift. Er verfeinert und intensiviert in diesem Eis das Apfelaroma.

Wenn Sie Sauerkraut aus der Dose verwenden, lassen Sie es vorher in einem Sieb abtropfen.

Für 6 Portionen

- Zubereitungszeit: ca. 1 3/4 Std.
- Kühlzeit: ca. 1 Std.
- Gefrierzeit: ca. 30 Min.
- ca. 260 kcal je Portion

low fat
raffiniert ✓
nussig
fruchtig
sahnig ✓
für Kids

Für 10 Portionen

- Zubereitungszeit: ca. 20 Min.
- Kühlzeit: ca. 1 Std.
- Gefrierzeit: ca. 40 Min.
- ca. 70 kcal je Portion

Rote Zora

Geeiste Tomatencreme

$^1/_8$ l Tomatensaft • $^1/_8$ l passierte Tomaten • 50 g Tomatenmark • 200 g saure Sahne • 100 g Sahne • $^1/_2$ TL Salz • etwas schwarzer Pfeffer aus der Mühle • einige Tropfen Tabasco • 1 TL Zucker • 3 EL Limettensaft

je $^1/_2$ Bd. Schnittlauch und Petersilie

10 Kirschtomaten zum Dekorieren • 1 Zweig Basilikum zum Dekorieren

1. Alle Zutaten bis auf die Kräuter in eine Schüssel geben, mit dem Schneebesen oder dem Handrührgerät verrühren und für etwa 1 Stunde in den Kühlschrank stellen.

2. Die Kräuter fein hacken und jeweils 2 gehäufte EL unter die Tomatenmasse ziehen.

3. Die Eismischung in der Eismaschine etwa 40 Minuten gefrieren lassen.

4. Das Tomateneis zu Kugeln portionieren und in ein Schälchen geben. Mit je 1 Kirschtomate und 1 Blättchen Basilikum dekorieren.

Tipp

Da bei pikanten Eissorten Zucker nur zum Abschmecken verwendet wird und die geeiste Tomatencreme keine Eier enthält, sorgt hier allein die saure Sahne dafür, dass das Eis nicht zu Kristallen und „eiskalt" gefriert. Stellen Sie das Eis vor dem Servieren unbedingt $^1/_2$ Stunde in den Kühlschrank, damit es sich leichter portionieren lässt.

- low fat
- **raffiniert ✓**
- nussig
- fruchtig
- **sahnig ✓**
- für Kids

Grizzo

Spinateis

$^1/_2$ P. TK-Rahmspinat (225 g)
200 g Hüttenkäse • 1 frisches Ei • 200 g Sahne • 2 TL Kräutersalz • etwas Pfeffer aus der Mühle • 1 Prise Muskatnuss
4 Salatblätter zum Garnieren
4 hart gekochte Eier zum Garnieren
$^1/_2$ Bd. Schnittlauch, zerkleinert, zum Garnieren

1. Den Spinat auftauen lassen, ohne ihn zu erwärmen – am besten im Kühlschrank.

2. Zum aufgetauten Spinat etwa 100 g Hüttenkäse, das Ei und die Sahne zugeben und alles miteinander verrühren. Kräftig mit dem Kräutersalz, Pfeffer und Muskat abschmecken.

3. Die Masse in die Eismaschine füllen und etwa 20 Minuten gefrieren lassen. Vor dem Servieren das Eis 30 Minuten in den Kühlschrank stellen.

4. Die Salatblätter waschen, trockentupfen und auf 4 Dessertteller geben. Das Eis in Kugeln auf die Salatblätter geben und mit Eiachteln, Hüttenkäsehäufchen und Schnittlauch garnieren.

Tipp

Zu diesem Eis können Sie eine pikante Quarksauce reichen: Schlagen Sie 200 g Quark mit $^1/_8$ l Milch und 3 EL Öl glatt und würzen Sie das Ganze mit Salz, Pfeffer, Paprikapulver und Zucker. Mischen Sie feine Würfel von Tomatenfruchtfleisch und Zwiebel sowie fein gehackte Kräuter unter.

Für 4 Portionen

- Zubereitungszeit: ca. 30 Min.
- Kühlzeit: ca. 30 Min.
- Gefrierzeit: ca. 20 Min.
- ca. 240 kcal je Portion

Frollo

Gefrorene Avocadocreme

1 große, reife Avocado
2 EL Zitronensaft • 200 g saure Sahne •
50 ml Milch • 2 frische Eier • reichlich weißer Pfeffer aus der Mühle • 1 TL Kräutersalz •
einige Tropfen Worcestersauce
Liebstöckel- oder Sellerieblätter zum Dekorieren • einige Zitronenstückchen

1. Die Avocado längs rundum bis zum Kern einschneiden, die Hälften gegeneinander drehen und die Avocado halbieren. Den Stein herauslösen, das Fruchtfleisch mit einem Löffel aus den Schalenhälften lösen und in einen hohen Rührbecher geben.

2. Das Avocadofleisch sofort mit dem Zitronensaft übergießen und die saure Sahne, die Milch und die Eier dazugeben. Das Ganze mit dem Mixstab fein pürieren. Das Avocadopüree mit Pfeffer, Salz und Worcestersauce sehr pikant abschmecken.

3. Die Avocadomasse in die laufende Eismaschine füllen und etwa 15 Minuten gefrieren lassen.

4. Das Eis zu Kugeln portionieren. In Schälchen geben und mit Liebstöckel oder Sellerie dekorieren. Die Zitronenstückchen dazureichen.

Tipp

Statt Kräutersalz können Sie auch normales Salz nehmen und eine Kräutermischung aus getrockneten, TK- oder frischen Kräutern unter die Eismasse geben. Besonders gut schmeckt Schnittlauch.

low fat
raffiniert ✓
nussig
fruchtig
sahnig
für Kids

Für 4 Portionen

- Zubereitungszeit: ca. 20 Min.
- Gefrierzeit: ca. 15 Min.
- ca. 240 kcal je Portion

Kasenko
Käseeis

60 g Greyerzer • 50 g Emmentaler • 50 g Sahne • 1/2 TL Kräutersalz • etwas schwarzer Pfeffer aus der Mühle • 1 Msp. geriebene Muskatnuss
1 EL Kirschwasser
1 frisches Ei • 100 g Vollmilch-Naturjoghurt • 100 g Buttermilch • 2 EL Walnüsse
1/4 Bund Basilikum • Oliven nach Belieben

1. Den Käse raspeln und mit der Sahne, dem Kräutersalz, dem Pfeffer und der Muskatnuss in eine Metallschüssel geben.

2. Die Käsemischung im Wasserbad schmelzen. Sobald der Käse Fäden zieht, das Kirschwasser hinzufügen.

3. Wenn sich der Käse völlig aufgelöst hat, die Schüssel aus dem Wasser nehmen und die Masse etwa 30 Minuten abkühlen lassen, dabei immer wieder durchrühren.

4. Das Ei, den Joghurt und die Buttermilch unter die Käsemasse rühren. Das Ganze 1 Stunde kühlen. Inzwischen die Walnüsse grob hacken.

5. Die gekühlte Käsemasse durchrühren und die Nüsse dazugeben. Das Ganze etwa 30 Minuten gefrieren lassen.

6. Das Käseeis in kleinen Kugeln servieren und mit Basilikumblättchen und nach Belieben mit Oliven garnieren.

Tipp

Sie können auch zusätzlich 1–2 EL geriebenen Parmesan mit den Walnüssen in das Eis geben und zum Schluss die Eiskugeln in frisch geriebenem Parmesan oder fein gemahlenen Walnüssen wälzen.

- low fat
- **raffiniert ✓**
- **nussig ✓**
- fruchtig
- sahnig
- für Kids

Für 6 Portionen

- Zubereitungszeit: ca. 35 Min.
- Kühlzeit: ca. 1 1/2 Min.
- Gefrierzeit: ca. 30 Min.
- ca. 200 kcal je Portion

vorne:
Ertrunkene Kiwi
hinten:
O Sole Mio

Ertrunkene Kiwi

Kiwisorbet in Apfelschorle

low fat ✓
raffiniert
nussig
fruchtig ✓
sahnig
für Kids ✓

Für 4 Portionen

- Zubereitungszeit: ca. 25 Min.
- Kühlzeit: ca. 1 ½ Std.
- Gefrierzeit: ca. 25 Min.
- ca. 150 kcal je Portion

80 g Zucker
4 reife Kiwis
1–2 EL Zitronensaft
½ l Apfelsaftschorle
einige Apfelspalten und Kiwischeiben zum Dekorieren • Zitronenmelisse zum Garnieren

1. Den Zucker mit 150 ml Wasser aufkochen und etwa 5 Minuten köcheln lassen, bis die Flüssigkeit leicht sirupartig ist. Den Sirup etwa 30 Minuten abkühlen lassen, dann für 1 Stunde in den Kühlschrank stellen.

2. Inzwischen die Kiwis dünn schälen, in grobe Stücke schneiden und in einen hohen Rührbecher geben. Die Fruchtstücke pürieren und das Püree ebenfalls in den Kühlschrank stellen.

3. Das Püree mit dem Zuckersirup und dem Zitronensaft verrühren. Die Masse in die Eismaschine geben. Das Ganze 25 Minuten gefrieren lassen.

4. Die Apfelspalten und die Kiwistücke auf 4 Sektschalen verteilen und mit Apfelsaftschorle aufgießen. Das Kiwisorbet in einen Spritzbeutel mit breiter Tülle füllen. Das Sorbet auf das Obst spritzen und mit Zitronenmelisse garnieren.

O Sole Mio

Campari-Orangen-Sorbet

low fat ✓
raffiniert ✓
nussig
fruchtig ✓
sahnig
für Kids

Für 6 Portionen

- Zubereitungszeit: ca. 25 Min.
- Kühlzeit: ca. 2 Std.
- Gefrierzeit: ca. 1 ½ Std.
- ca. 190 kcal je Portion

100 ml Campari • 420 ml Orangensaft • 170 g Puderzucker
2 frische Eiweiße
Orangenzesten zum Garnieren

1. Den Campari mit 400 ml Orangensaft und 70 g Puderzucker in einen Rührbecher geben und rühren, bis sich der Zucker aufgelöst hat. 2 Stunden in den Kühlschrank stellen.

2. Nach Ablauf der Kühlzeit die Eiweiße mit dem restlichen Zucker und dem restlichen Saft schaumig schlagen. Die Eiweißmasse mit der Orangen-Campari-Mischung verrühren und in der Eismaschine 30–35 Minuten gefrieren.

3. Das Campari-Orangen-Sorbet in einen Spritzbeutel mit weiter Lochtülle füllen. Auf ein mit Pergamentpapier ausgelegtes Blech Tupfer (etwa 4 cm Ø) spritzen. Das Ganze etwa 1 Stunde gefrieren.

4. Einige Stücke des Sorbets in einen breiten Sektkelch oder eine -schale geben und mit Orangenzesten dekorieren.

Tipp

Sehr gut schmeckt dieses Sorbet, wenn Sie es in der Eismaschine 30–35 Minuten gefrieren, dann mit dem Spitzbeutel in hohe Gläser spritzen und diese mit frisch gepresstem Orangensaft auffüllen.

Blue Heaven

Sorbet mit Blue Curaçao

low fat ✓
raffiniert ✓
nussig
fruchtig
sahnig
für Kids

Für 6 Portionen

- Zubereitungszeit: ca. 15 Min.
- Gefrierzeit: ca. 40 Min.
- ca. 110 kcal je Portion

50 g Limettensirup • 100 g Blue Curaçao
2 frische Eiweiße • 1 Prise Salz
600 ml trockener Weißwein
einige dünne, geachtelte Limettenscheiben zum Garnieren • einige Zitronenmelisseblätter zum Garnieren

1. Den Limettensirup und den Blue Curaçao in einem Gefäß mit Ausgießer vermischen.

2. Die Eiweiße und das Salz steif schlagen. Inzwischen den Sirup gleichmäßig zulaufen lassen. Die Eiweiße schlagen, bis keine großen Luftblasen mehr zu sehen sind.

3. Etwa 100 ml Weißwein mit dem Schneebesen in die Masse einarbeiten.

4. Die Eismasse in die laufende Eismaschine füllen und etwa 40 Minuten gefrieren lassen.

5. Das Sorbet in 6 Sektflöten portionieren und je zur Hälfte mit dem restlichen Weißwein aufgießen. Das Sorbet mit geachtelten Limettenscheiben und Zitronenmelisseblättern garnieren.

Variation

Statt Blue Curaçao können Sie auch andere farbige Liköre verwenden, wie beispielsweise gelben oder grünen Chartreuse.

low fat ✓
raffiniert ✓
nussig
fruchtig ✓
sahnig
für Kids

Vignone

Meloneneis mit Sekt

500 g Fruchtfleisch einer Wassermelone •
80–100 g Puderzucker
2 EL Zitronensaft • 50 ml Apfelsaft
etwa ½ Flasche halbtrockener Sekt
Zitronenmelisse zum Garnieren

1. Das Melonenfleisch in kleine Stücke schneiden, die Kerne entfernen und den Saft auffangen. Die Fruchtstücke und den Melonensaft in einem hohen Rührbecher mit dem Puderzucker vermischen. Alles 30 Minuten im Kühlschrank durchziehen lassen.

2. Den Zitronen- und den Apfelsaft zur Melonenmischung geben und alles mit dem Mixstab pürieren.

3. Die Flüssigkeit in die laufende Eismaschine füllen und etwa 30 Minuten gefrieren.

4. Das Meloneneis mit einem großen Esslöffel portionieren. Die Portionen weit auseinander gelegt in ein verschließbares Gefäß geben und etwa 15 Minuten gefrieren.

5. Den Sekt auf 6 Sektschalen verteilen und je 1 Eisportion in den Sekt geben. Mit Zitronenmelisse garnieren.

Tipp

Zusätzlich können Sie auch ausgestochene Melonenkugeln in die Sektschalen zum Eis geben.

Für 6 Portionen

- Zubereitungszeit: ca. 15 Min.
- Kühlzeit: ca. 30 Min.
- Gefrierzeit: ca. 45 Min.
- ca. 250 kcal je Portion

Picopico

Champagnersorbet

low fat ✓
raffiniert
nussig
fruchtig
sahnig
für Kids

Für 4–6 Portionen

- Zubereitungszeit: ca. 15 Min.
- Gefrierzeit: ca. 4 1/2 Std.
- ca. 450 kcal je Portion (bei 4 Portionen)

200 g Zucker • 1/4 l Wasser
Saft von 1/2 Zitrone • 1/2 l Champagner
2 frische Eiweiße • 1 EL Puderzucker

1. Den Zucker mit dem Wasser in einen kleinen Topf geben, unter Rühren den Zucker auflösen und so lange erhitzen, bis die Flüssigkeit beginnt, Fäden zu ziehen. Den Sirup erkalten lassen.

2. Den Zitronensaft und den Champagner dazugeben und gefrieren lassen.

3. Nach 1 bis 1 1/2 Stunden die frischen Eiweiße mit dem Puderzucker zu einem steifen Schnee schlagen und unter die Masse rühren.

4. In eine Form füllen und für zirka 3 Stunden ins Gefrierfach geben.

5. Die Masse während des Gefrierens mehrmals durchrühren.

Tipp

Besonders dekorativ servieren Sie das Champagnersorbet, wenn Sie es mit der Konditortülle in einen langstieligen Champagnerkelch spritzen und mit einem Minze- oder Zitronenmelissezweiglein verzieren.

Grüner Willi

Waldmeistersorbet

$^{1}/_{4}$ l Läuterzucker (S. 40) •
1 Bund Waldmeister
$^{1}/_{2}$ l Weißwein • Saft von 2 Limonen
Puderzucker • 1 frisches Eiweiß

1. Den Läuterzucker erhitzen, aber nicht kochen, den Waldmeister an einem Faden in den heißen Zucker hängen, sodass nur die Stiele herausragen, und 15 Minuten ziehen lassen.

2. Den Waldmeister entfernen. Den Weißwein und den Limonensaft mit dem aromatisierten Zuckersirup verrühren. Nach dem Abkühlen in eine metallenen verschließbare Gefrierdose oder, falls vorhanden, in eine Sorbetière füllen und gefrieren.

3. Ist keine Sorbetière vorhanden, muss die Sorbetmasse jede halbe Stunde vom Rand aus durchgerührt werden, um die Bildung großer Eiskristalle zu vermeiden.

4. Das Eiweiß mit etwas Puderzucker steif schlagen. Diese Masse etwa eine Stunde vor dem Servieren vorsichtig unterziehen. Nach Belieben etwas fein gehackten Waldmeister unterziehen.

low fat ✓
raffiniert ✓
nussig
fruchtig
sahnig
für Kids

Für 4 Portionen

- Zubereitungszeit: ca. 25 Min.
- Gefrierzeit: ca. 5 Std.
- ca.360 kcal je Portion

Yellow Dream

Früchtecocktail mit Bananeneis

- low fat
- raffiniert
- nussig
- **fruchtig ✓**
- **sahnig ✓**
- **für Kids ✓**

Für 8 Portionen

- Zubereitungszeit: ca. 30 Min.
- Kühlzeit: ca. 30 Min.
- Gefrierzeit: ca. 20 Min.
- ca. 180 kcal je Portion

500 g Bananen • 3–4 EL Zitronensaft • 60 g Blütenhonig • 40–50 g Puderzucker • 1 P. Vanillinzucker

1 frisches Eiweiß • 1 Prise Salz • 200 g Sahne

3 Pfirsiche • 2 Papayas • 100 ml Orangensaft • 300 ml Aprikosennektar

375 ml Milch

8–10 Orangenscheiben zum Garnieren • Zitronenmelisse zum Garnieren

1. Für das Eis die Bananen in Stücke schneiden und sofort mit dem Zitronensaft beträufeln. Den Honig, den Puderzucker und den Vanillinzucker hinzufügen. Das Ganze mit dem Mixstab fein pürieren und 30 Minuten im Kühlschrank durchziehen lassen.

2. Das Eiweiß, das Salz und die Sahne zur Bananenmasse geben, alles erneut mixen, in die Eismaschine füllen und 20–25 Minuten gefrieren lassen. Das Eis in eine Gefrierform umfüllen und in das Gefriergerät stellen.

3. Für den Cocktail die Pfirsiche mit heißem Wasser überbrühen, enthäuten und in kleine Stücke schneiden. Die Papayas längs halbieren, die Kerne herauslösen. Das Fruchtfleisch von der Schale lösen und in Stücke schneiden. Die Fruchtstücke mit dem Saft und dem Nektar pürieren.

4. Die Milch und 8 Kugeln Bananeneis (etwa 400 ml) zum Fruchtpüree geben und alles nochmals kurz aufschlagen.

5. Den Cocktail in Longdrinkgläser füllen. Einige Eiswürfel hinzugeben und den Cocktail mit einer Orangenscheibe und Zitronenmelisse garnieren.

low fat ✓
raffiniert
nussig
fruchtig ✓
sahnig
für Kids

Nellifresca

Nektarinensorbet

250 g Nektarinen
3 EL Blütenhonig • 150 ml Apfelsaft • 2 EL Zitronensaft
150 g Himbeeren oder Brombeeren (frisch oder TK-Ware)
Zitronenmelisse zum Garnieren

1. Die Nektarinen 1 Minute in kochendes Wasser legen, dann kalt abschrecken. Die Nektarinen enthäuten, die Früchte vierteln und entsteinen.

2. Die Fruchtstücke mit dem Honig, dem Apfelsaft und dem Zitronensaft pürieren. Die Fruchtmasse in die laufende Eismaschine füllen und 15–25 Minuten gefrieren lassen.

3. Das Sorbet in eine Gefrierschlüssel aus Plastik umfüllen und 2–3 Stunden im Gefriergerät erneut gefrieren.

4. Inzwischen die Beeren verlesen, vorsichtig waschen und trockentupfen. Falls Tiefkühlware verwendet wird, diese auftauen lassen.

5. Das Eis mit einem Eislöffel portionieren. Mit den Beeren und der Zitronenmelisse garnieren.

Variation

Statt Nektarinen können Sie auch die gleiche Menge Pfirsiche verwenden und den Apfelsaft gegen Maracujasaft austauschen.

Für 4 Portionen

- Zubereitungszeit: ca. 25 Min.
- Gefrierzeit: ca. 3 1/4 Std.
- ca. 100 kcal je Portion

low fat ✓
raffiniert
nussig
fruchtig ✓
sahnig
für Kids

Big Apple
Apfelsorbet

Für 6 Portionen

- Zubereitungszeit: ca. 45 Min.
- Gefrierzeit: ca. 3 Std.
- ca. 225 kcal je Portion (bei 4 Portionen)

3/8 l Läuterzucker (S. 40) •
1/8 l Champagner
300 g Äpfel (Boskop) • Saft von 1 Zitrone •
4 cl Calvados
einige Pfefferminzblätter •
einige Himbeeren oder Waldbeeren

1. Den Läuterzucker und den Champagner in einen Topf geben, aufkochen.

2. Die Äpfel schälen, vierteln, die Kerngehäuse entfernen. Die Apfelstücke und den Zitronensaft zu dem Läuterzucker geben, 2–3 Minuten aufkochen, dann im Mixer zerkleinern. Mit einem Holzlöffel durch ein feines Sieb passieren, den Calvados dazugeben. Die Masse erkalten lassen, anschließend in der Eismaschine oder in der Sorbetière frosten.

3. Das Sorbet mit einem Spritzbeutel (Sterntülle) in vorgekühlten Sektschalen anrichten, mit Pfefferminzblättern und Himbeeren oder Waldbeeren garnieren.

low fat
raffiniert
nussig
fruchtig ✓
sahnig
für Kids

Sambucus

Holundersorbet

300 g Holunderbeeren • 50 g Zucker
3/8 l Läuterzucker (S. 40) •
1/8 l Weißwein • 4 Gewürznelken
Saft von 1 Zitrone • 2 cl Holunderschnaps

1. Die Holunderbeeren abzupfen, in einen Topf geben, mit dem Zucker vermischen und 1 Stunde ziehen lassen.

2. Den Läuterzucker, den Weißwein und die Nelken in einen zweiten Topf geben, aufkochen und durch ein Sieb über die Holunderbeeren gießen.

3. Alles zusammen erhitzen, 6–8 Minuten kochen lassen und im Mixer sehr fein pürieren. Mit dem Zitronensaft und dem Holunderschnaps abschmecken, erkalten lassen. In der Eismaschine oder in der Sobetière frosten.

4. Mit einem Löffel Nocken abdrehen und in vorgekühlten Schalen anordnen.

Tipp

Die Holunderbeeren sollten gut gereift sein, da das Aroma sonst zu schwach ist. Sie sollten rasch gewaschen werden und nicht zu lange im Wasser bleiben.

Für 6 Portionen

- Zubereitungszeit: ca. 1 1/2 Std.
- Gefrierzeit: ca. 3 Std.
- ca. 240 kcal je Portion

Chafrizzor

Teesorbet

low fat ✓
raffiniert ✓
nussig
fruchtig
sahnig
für Kids

Für 4 Portionen

- Zubereitungszeit: ca. 30 Min.
- Kühlzeit: ca. 1 ½ Std.
- Gefrierzeit: ca. 20 Min.
- ca. 100 kcal je Portion

2 gehäufte EL grüner Tee (20–25 g)
100 g Zucker • 2 TL Limettensaft
Pfefferminzzweige zum Garnieren

1. Zunächst 600 ml Wasser zum Kochen bringen und 200 ml davon über die Teeblätter gießen, 1 Minute ziehen lassen und durch ein feines Sieb abgießen. Dieser erste Absud wird weggeschüttet.

2. Die Teeblätter zurück in das Gefäß geben, mit dem restlichen kochenden Wasser übergießen und 3–5 Minuten ziehen lassen. Den Tee in einen hohen Rührbecher abseihen, den Zucker und den Limettensaft dazugeben und weiterrühren, bis sich der Zucker aufgelöst hat. Den Tee abkühlen lassen und für etwa 1 ½ Stunden in den Kühlschrank stellen.

3. Den Tee in die Eismaschine füllen und etwa 20 Minuten gefrieren lassen.

4. Das Teesorbet mit einem Eislöffel portionieren. Je 2 Eiskugeln in ein Schälchen geben und diese mit Pfefferminzzweigen dekorieren.

Variation

Statt mit grünem Tee können Sie dieses Eis auch mit Kräutertee, z. B. auf Basis von Zitronengras, zubereiten. Dafür überbrühen Sie etwa 4 EL Zitronengrastee mit 400 ml Wasser, süßen das Ganze und lassen den Tee abkühlen. Erst dann die Teeblätter abgießen.

low fat
raffiniert ✓
nussig
fruchtig
sahnig ✓
für Kids

Espressivo

Espresso mit geeistem Baileys

400 ml Milch • 200 g Kondensmilch • 90 ml Baileys • 2 gehäufte EL Instant-Cappuccino-Pulver, ungesüßt • 50 g Zucker • 100 g Sahne

1 frisches Eiweiß • 2 EL brauner Zucker • 1 Prise Salz

ca. 400 ml Espresso • etwas Kakaopulver

1. Etwa 200 ml Milch mit der Kondensmilch, 80 ml Baileys und dem Cappuccino-Pulver aufkochen lassen. Die Likörmilch vom Feuer nehmen, den Zucker dazugeben, gut umrühren und alles etwa 10 Minuten warm stellen. Die Sahne dazugeben, das Ganze abkühlen lassen und 1 Stunde in den Kühlschrank stellen.

2. Nach Ablauf der Kühlzeit das Eiweiß mit dem braunen Zucker und dem Salz steif schlagen. Den Eischnee in die Flüssigkeit rühren. Das Ganze in der Eismaschine etwa 45 Minuten gefrieren lassen, nach 35 Minuten den restlichen Baileys dazugeben. Das Eis im Gefriergerät 4 Stunden gefrieren.

3. Kurz vor dem Anrichten die restliche Milch erwärmen und aufschäumen. 400 ml Espresso kochen und auf 8 Kaffeetassen verteilen. Die Milch angießen, je 1 Eiskugel hinzufügen und alles mit Kakaopulver überstäuben.

Für 8 Portionen

- Zubereitungszeit: ca. 40 Min.
- Kühlzeit: ca. 1 Std.
- Gefrierzeit: ca. 4 $^{3}/_{4}$ Std.
- ca. 100 kcal je Portion

oben:
Tropical Colada
unten:
Daukolätta

Daukolätta

Buttermilch-Möhren-Sorbet

- **low fat ✓**
- **raffiniert ✓**
- nussig
- fruchtig
- sahnig
- **für Kids ✓**

Für 4 Portionen

- Zubereitungszeit: ca. 10 Min.
- Gefrierzeit: ca. 1 ½ Std.
- ca. 120 kcal je Portion

300 ml Möhrensaft, ungesüßt • 1 gehäufter TL Kräutersalz • etwas weißer Pfeffer aus der Mühle • 75 ml Orangensaft • 3 TL Limettensaft

½ l Buttermilch oder Kefir • einige Zweige glattblättrige Petersilie zum Dekorieren

1. Den Möhrensaft mit den Gewürzen, dem Orangen- und dem Limettensaft vermischen.

2. Die Flüssigkeit in die laufende Eismaschine gießen und etwa 25 Minuten gefrieren lassen.

3. Das Sorbet in eine Plastikdose geben und verschlossen noch 1 Stunde gefrieren.

4. Die Buttermilch oder den Kefir auf 4 Gläser verteilen. Das Sorbet mit einem Esslöffel portionieren und auf die Gläser verteilen. Das Ganze mit Petersilienzweigen dekorieren.

Tipp

Sie können das Sorbet auch mit frischen Möhren zubereiten: Garen Sie 150 g kleine Möhrenstücke etwa 8 Minuten in 150 ml Wasser, pürieren Sie das Ganze und lassen Sie es gut abkühlen. Dann verfahren Sie weiter wie im Rezept beschrieben.

Tropical Colada

Ananas-Kokos-Shake

- low fat
- raffiniert
- nussig
- **fruchtig ✓**
- sahnig
- für Kids

Für 4 Portionen

- Zubereitungszeit: ca. 25 Min.
- Kühlzeit: ca. 30 Min.
- Gefrierzeit: ca. 40 Min.
- ca. 190 kcal je Portion

1 Dose Ananasscheiben (ca. 250 g Einwaage) • 250 ml Kokosmilch

3 frische Eiweiße • 80 g Puderzucker • 2 EL weißer Rum

1 Banane • 1 EL Zitronensaft • 8 Belegkirschen • Zitronenmelisse

¼ l Ananassaft

1. Etwa drei Viertel der Ananasscheiben mit dem Saft aus der Dose und 130 ml Kokosmilch pürieren. Die restlichen Scheiben klein schneiden, einen Teil der Stücke für die Spießchen beiseite stellen und den Rest zum Püree geben. Dieses 30 Minuten kühl stellen.

2. Die Eiweiße mit dem Puderzucker steif schlagen und unter das Fruchtpüree rühren. Das Ganze in der Eismaschine etwa 40 Minuten gefrieren lassen. Nach 25 Minuten den Rum hinzufügen.

3. Die Banane schälen, die Hälfte der Frucht in Scheiben schneiden und mit Zitronensaft beträufeln. Die Melisse waschen, trockentupfen und die Blätter von den Stielen zupfen. Die Bananenscheiben, Ananasstücke, Kirschen und Melisseblättchen abwechselnd auf 4 Holzspießchen stecken.

4. Dann 4 große Kugeln Eis in eine Rührschüssel geben. (Übriges Eis im Gefriergerät aufbewahren.)

5. Den Ananassaft zusammen mit der restlichen Kokosmilch und der Bananenhälfte zu den Eiskugeln geben und alles pürieren.

6. Das Mixgetränk auf 4 Gläser verteilen und mit den Spießchen dekorieren.

links:
Sunrise
rechts:
Lady Cherry

Sunrise

Granita von Weinbergpfirsichen

low fat ✓
raffiniert
nussig
fruchtig ✓
sahnig
für Kids

Für 4 Portionen

- Zubereitungszeit: ca. 75 Min.
- Gefrierzeit: ca. 3,5 Std.
- ca. 230 kcal je Portion

300 g Pfirsiche • 30 cl Weißwein • Saft von 1 Zitrone • 20 cl Läuterzucker (S. 40) • 1 Vanillestange

1. Die Pfirsiche überbrühen und die Haut entfernen. Die Früchte halbieren, die Steine aber nicht entfernen, Weißwein, Zitronensaft, Läuterzucker und Vanillestange in einen Topf geben, die Pfirsichhälften darin pochieren.

2. Die Vanillestange herausnehmen, die Pfirsiche entsteinen, das Fruchtfleisch mit dem Sud durch ein Haarsieb streichen.

3. Die Masse in ein möglichst flaches Gefäß geben und in den Tiefkühlschrank stellen. Mehrmals gut durchrühren, bis die Granita die gewünschte Festigkeit erreicht hat. Je öfter gerührt wird, umso feinkörniger wird die Granita.

Lady Cherry

Kirschgranita

low fat
raffiniert
nussig
fruchtig ✓
sahnig ✓
für Kids

Für 6 Portionen

- Zubereitungszeit: ca. 60 Min.
- Gefrierzeit: ca. 3,5 Std.
- ca. 290 kcal je Portion

300 g Sauerkirschen • 30 cl Rotwein • 20 cl Läuterzucker (S. 40) • 1 Zimtstange • Saft von 1 Orange • 2 cl Kirschwasser

1/4 l süße Sahne • Zimtpulver

1. Die Kirschen entsteinen. Die Kerne mit dem Rotwein, dem Läuterzucker, der Zimtstange und dem Orangensaft aufkochen und abseihen. Die Kirschen in die Flüssigkeit geben und 3–5 Minuten kochen. Alles zusammen im Mixer pürieren, durch ein Haarsieb streichen, mit dem Kirschwasser aromatisieren und gut durchrühren. In den Tiefkühlschrank stellen. Des Öfteren durchrühren, bis sich Eiskristalle bilden.

2. Die Sahne halbsteif schlagen. Die Granita mit einem Löffel in gekühlten Gefäßen anrichten, mit der halbsteif geschlagenen Sahne und Zimtpulver garnieren.

Tipp

Für eine Granita benötigen Sie nur ein Tiefkühlfach. Eismaschine und Sorbetière sind nicht nötig.

oben:
Santa Claus
unten:
Bittersweet

Bittersweet

Bittermandelparfait

- low fat
- raffiniert
- nussig ✓
- fruchtig
- sahnig ✓
- für Kids

Für 4 Portionen

- Zubereitungszeit: ca. 35 Min.
- Gefrierzeit: ca. 4 Std.
- ca. 240 kcal je Portion

5–6 Bittermandeln • 150 g Sahne •
2 frische Eigelbe • 35 g Zucker • 1 TL Rum

1. Die Bittermandeln in der Sahne aufkochen, die Eigelbe, den Zucker und den Rum zugeben und gut durchmischen. Anschließend passieren und in einem verschließbaren Behälter mindestens eine Stunde gefrieren.

2. Die angefrorene Masse aufschlagen und in Portionsschalen füllen. 2–3 Stunden gefrieren.

Tipp

Servieren Sie Bittermandelparfait zusammen mit Lebkuchenparfait auf einem Teller in heller und dunkler Sauce. Rühren Sie 4 frische Eigelbe und 200 g Sahne mit 3 EL Puderzucker im heißen Wasserbad cremig und schmecken mit Amarettolikör ab. Nun teilen Sie die Creme und verrühren eine Hälfte mit 50 g im Wasserbad aufgelöster dunkler Kuvertüre.

Santa Claus

Lebkuchenparfait

- low fat
- raffiniert ✓
- nussig
- fruchtig
- sahnig ✓
- für Kids

Für 4–6 Portionen

- Zubereitungszeit: ca. 45 Min.
- Gefrierzeit: ca. 3 Std.
- ca. 725 kcal je Portion (bei 4 Portionen)

100 g Schokoladenlebkuchen •
3 EL Arrak (oder Armagnac) • 450 g Sahne
5 frische Eigelbe • 1/8 l Läuterzucker (S. 40)

1. Den Lebkuchen in kleine Stücke schneiden, zusammen mit dem Arrak und 100 g Sahne pürieren. Kühl stellen und ziehen lassen. Die restliche Sahne steif schlagen und ebenfalls kühl stellen.

2. Die Eigelbe mit dem Läuterzucker verrühren, im heißen Wasserbad mit dem Handrührgerät zu einer dicklichen Creme aufschlagen. Im Eiswasser kalt schlagen.

3. Das Lebkuchenpüree unter die Eiermasse rühren, die restliche geschlagene Sahne unterheben, in ein Gefäß füllen und gefrieren.

rechts: Gourmety
links: Helene

Gourmety

Pralinenparfait

- low fat
- raffiniert ✓
- nussig
- fruchtig
- sahnig ✓
- für Kids

Für 4–6 Portionen

- Zubereitungszeit: ca. 50 Min.
- Gefrierzeit: ca. 24 Std.
- ca. 730 kcal je Portion (bei 4 Portionen)

100 ml Wasser • 90 g Zucker • 6 frische Eigelbe
150 g Nougat • 50 g dunkle Kuvertüre • abgeriebene Schale von 1 Orange • 6 EL Kakaolikör • 3 EL Rum
2 EL Schokoladenraspel • 250 g geschlagene Sahne

1. Das Wasser mit dem Zucker aufkochen. Den Topf vom Herd nehmen und die Eigelbe unterziehen. Erneut auf den Herd stellen und kurz aufkochen, sofort passieren und kalt stellen.

2. Das Nougat und die Kuvertüre im Wasserbad schmelzen und mit der Orangenschale, dem Kakaolikör und dem Rum in die erkaltete Eigelbmasse einrühren.

3. Die Sahne und die Schokoladenraspel unterheben, in einer Rehrückenform gefrieren.

Tipp

Probieren Sie zum Pralinenparfait doch eine Glühweincreme. Bereiten Sie 1/4 l Glühwein wie gewohnt zu und schlagen Sie diesen mit 3 Eiern und 2 TL Speisestärke im heißen Wasserbad auf.

Helene

Williaminenparfait

- low fat
- raffiniert ✓
- nussig
- fruchtig
- sahnig ✓
- für Kids

Für 6–8 Portionen

- Zubereitungszeit: ca. 60 Min.
- Gefrierzeit: ca. 3 Std.
- ca. 350 kcal je Portion (bei 6 Portionen)

1 kg reife Williamsbirnen • 1/8 l Weißwein (Riesling) • 1/8 l Wasser • 1/2 Vanilleschote • 1/2 Zimtstange • 1 Nelke • etwas Zitronenschale • Saft von 1 Zitrone
8 EL Williamsbirnengeist • 1 frisches Ei • 4 frische Eigelbe • 60 g Zucker • 1/4 l geschlagene Sahne

1. Die Birnen schälen und entkernen. Den Wein, das Wasser, die Vanilleschote, die Zimtstange, die Nelke, die Zitronenschale und den Saft einer Zitrone etwa 10 Minuten kochen.

2. Die Aromazutaten absieben und die Birnen in der Flüssigkeit weich dünsten. Anschließend im Mixer pürieren.

3. Das Birnenmus bei geringer Hitze einkochen, bis die gesamte Flüssigkeit verdunstet ist, und kalt stellen. Das Ei und die Eigelbe mit dem Zucker im Wasserbad aufschlagen. Sobald die Masse schaumig ist, im Eiswasser kalt schlagen.

4. Den Williamsbirnengeist mit dem kalten Birnenmus verrühren und unter die Eiermasse rühren. Vorsichtig die geschlagene Sahne unterziehen. In kleinen Förmchen gefrieren.

LEONARD

oben: Captain
unten: Oriental

Oriental

Mokkaparfait mit Orangenlikör

low fat
raffiniert ✓
nussig
fruchtig
sahnig ✓
für Kids

Für 6 Portionen

- Zubereitungszeit: ca. 75 Min.
- Gefrierzeit: ca. 3,5 Std.
- ca. 565 kcal je Portion

6 frische Eigelbe • 2 Eier • 200 g Zucker • 40 g Kaffeepulver • 1/4 l Wasser

6 Löffelbiskuits • 4 cl Kaffeelikör • 4 cl Cointreau (Orangenlikör) • geriebene Schale einer unbehandelten Orange • 1/2 geschlagene Crème double

1. Die Eigelbe, die Eier und den Zucker in einer Schüssel verrühren. Aus dem Kaffeepulver und dem Wasser einen Filterkaffee aufgießen, langsam unter die Eiermasse rühren, im heißen Wasserbad aufschlagen. Die Schüssel in Eis setzen und die Eiermasse weiter schlagen, bis sie erkaltet ist.

2. Eine Kastenform mit Frischhaltefolie auslegen. Die Löffelbiskuits mit einem Teil des Kaffee- und Orangenlikörs beträufeln. Den restlichen Likör, die Orangenschale und die Crème double unter die Kaffeemasse heben.

3. Die Hälfte der Parfaitmasse in die Kastenform geben, 1/2 Stunde frosten. Die Löffelbiskuits auf das Parfait legen, mit dem Rest der Parfaitmasse auffüllen. 2–3 Stunden frosten.

Captain

Zimtparfait

low fat
raffiniert
nussig
fruchtig
sahnig ✓
für Kids

Für 6 Portionen

- Zubereitungszeit: ca. 75 Min.
- Gefrierzeit: ca. 4 bis 6 Std.
- ca. 750 kcal je Portion

5 frische Eigelbe • 2 frische Eier • 200 g Zucker • 30 g Zimt • 4 cl Rum • 1/4 l geschlagene Sahne • 1/4 l geschlagene Crème double

1. Die Eigelbe, die Eier, den Zucker und den Zimt in eine Schüssel geben und im heißen Wasserbad aufschlagen. Die Schüssel in Eiswasser setzen und die Eiermasse bis zum völligen Erkalten weiter schlagen. Den Rum unterrühren. Die Sahne und die Crème double vorsichtig unterziehen.

2. Eine Form mit Frischhaltefolie auslegen, die Parfaitmasse sorgfältig einfüllen und 4 bis 6 Stunden im Tiefkühlfach frosten.

3. Das Parfait aus der Form nehmen und in Scheiben schneiden.

Tipp

Zum Anrichten einen Saucenspiegel aus Birnensauce und Himbeermark herstellen. Für die Birnensauce 300 g geschälte Birnen mit Zitronensaft beträufeln. In 20 cl Weißwein, 10 cl Läuterzucker pochieren und mit 2 cl Birnenlikör im Mixer pürieren. Durch ein feines Sieb in eine Schüssel streichen.
Für das Himbeermark 250 g Himbeeren mit 1/8 l Läuterzucker (S. 40) pürieren und durch ein Sieb in eine Schüssel streichen. 1–2 Blatt Gelatine in Wasser einweichen, in einem Topf 4 EL Fruchtmark erhitzen und die Gelatine darin auflösen, dann das restliche Fruchtmark unterrühren.
Von der Mitte zum Rand drei Halbkreise Himbeermark im Abstand von 1 cm auf die Teller geben. Die Birnensauce dazwischengießen. Mit einem Holzstäbchen im Abstand von 2 Zentimetern vom Tellerrand zur Tellermitte Linien ziehen.
Das Zimtparfait zugeben, mit 1/8 l geschlagener Sahne, Pfefferminzblättchen und Puderzucker garnieren.

Kugel:
Mohnpaulchen
Dreiecke:
Old Scotchman

Mohnpaulchen

Mohnparfait

- low fat
- raffiniert
- nussig ✓
- fruchtig
- sahnig ✓
- für Kids

Für 4 Portionen

- Zubereitungszeit: ca. 30 Min.
- Gefrierzeit: ca. 3 Std.
- ca. 780 kcal je Portion

40 g fein gemahlener Mohn • 200 ml Milch
6 frische Eigelbe • 150 g Zucker •
1/2 l geschlagene Sahne

1. Den Mohn in der Milch weich kochen.

2. Die Eigelbe und den Zucker in einer Schüssel im heißen Wasserbad zu einer dicklichen Creme aufschlagen. Die Schüssel mit der Eiercreme zum Abkühlen in kaltes Wasser stellen, mehrmals umrühren.

3. Die geschlagene Sahne und die Mohnmilch unter die abgekühlte Creme ziehen.

4. In Förmchen gefrieren.

Old Scotchman

Whiskylikörparfait

- low fat
- raffiniert
- nussig
- fruchtig
- sahnig ✓
- für Kids

Für 4 Portionen

- Zubereitungszeit: ca. 30 Min.
- Gefrierzeit: ca. 5 Std.
- ca. 440 kcal je Portion

1/8 l süßer Weißwein • 1/8 l Läuterzucker (siehe Seite 40) • 4 frische Eigelbe
10 EL Whiskylikör • 200 g geschlagene Sahne

1. Den Wein, den Läuterzucker und die Eigelbe in eine Schüssel geben und mit dem Handrührgerät schaumig rühren. Die Masse im heißen Wasserbad zu einer dicken Creme aufschlagen. Die Schüssel in Eiswasser stellen und so lange rühren, bis die Masse erkaltet ist.

2. Den Likör in die Weincreme einrühren und die geschlagene Sahne unterheben. In eine hohe, verschließbare Form geben und gefrieren lassen.

links: Nimboo
rechts: Moulin Rouge

Nimboo

Limonenparfait

low fat
raffiniert
nussig
fruchtig ✓
sahnig ✓
für Kids

Für 4 Portionen

- Zubereitungszeit: ca. 30 Min.
- Gefrierzeit: ca. 3 Std.
- ca. 380 kcal je Portion

1 frisches Eigelb • 100 g Zucker • 2 frische Eier • 6 cl Weißwein • Saft von 3 Limonen
¼ l geschlagene Sahne • abgeriebene Schale von 1 unbehandelten Limone

1. Das Eigelb und den Zucker in eine Schüssel geben und mit dem Handrührgerät verrühren. Zusammen mit den Eiern, dem Weißwein und dem Limonensaft im heißen Wasserbad zu einer dicken Creme aufschlagen. Die Schüssel in kaltes Wasser stellen und abkühlen lassen. Dabei gelegentlich umrühren.

2. Die geschlagene Sahne und die Limonenschale vorsichtig unter die Weißweincreme heben, in eine Ziegelform geben und gefrieren.

Tipp

Aus dem Fruchtfleisch einer Honigmelone kleine Kugeln ausstechen. Nektarinen kurz überbrühen und die Haut abziehen. Nachdem der Kern herausgelöst ist, das Fruchtfleisch in Spalten schneiden. 3 frische Eier, 1 EL Rum, 5 EL Madeira und 150 g Sahne cremig schlagen und mit den Früchten zum Eis geben.

Moulin Rouge

Parfait von Marc de Champagne

low fat
raffiniert ✓
nussig
fruchtig
sahnig ✓
für Kids

Für 6 Portionen

- Zubereitungszeit: ca. 30 Min.
- Gefrierzeit: ca. 3 Std.
- ca. 420 kcal je Portion

4 frische Eier • 125 g Zucker • ⅛ l Marc de Champagne • abgeriebene Schale von 1 Zitrone • Mark von 1 Vanilleschote • 1 Prise Salz
½ l geschlagene Sahne

1. Die Eier, den Zucker, den Marc de Champagne, die Zitronenschale, das Vanillemark und das Salz in eine Schüssel geben und im heißen Wasserbad mit den Quirlen des Handrührgeräts zu einer dicklichen Creme aufschlagen. Die Schüssel in Eiswasser stellen und so lange weiterrühren, bis die Creme kalt ist.

2. Die geschlagene Sahne unter die Marc de Champagne-Masse heben, in Portionsförmchen füllen und gefrieren.

Sommernachtstraum

Schoko-Minz-Eistorte

- low fat
- **raffiniert ✓**
- nussig
- fruchtig
- sahnig
- für Kids

Für 6 Stück

- Zubereitungszeit: ca. 1 Std.
- Backzeit: ca. 20 Min.
- Gefrierzeit: ca. 15 Min.
- ca. 370 kcal je Stück

80 g weiche Butter • 80 g Zucker • 1 Prise Salz • 2 frische Eier

125 g Mehl • 1 TL Backpulver

etwas Butter zum Einfetten • etwas Mehl zum Bestäuben

2 EL Rosenwasser • 1 EL weißer Rum

75 g Marzipanrohmasse • 3 TL Pfefferminzsirup • 80 g Puderzucker

75 g Schoko-Pfefferminz-Täfelchen, z. B. „After Eight" • 250 g saure Sahne • 1 P. Vanillinzucker • 1 TL Kakaopulver • 2 frische Eier

100 g weiße Kuvertüre oder Zartbitterkuvertüre

1. Zunächst den Backofen auf 200 °C (Umluft 170 °C; Gas Stufe 3) vorheizen. Butter, Zucker, Salz und Eier mit den Rührbesen eines Handrührgeräts schaumig schlagen.

2. Das Mehl mit dem Backpulver vermischen und fein sieben. Die Mischung löffelweise unter den Teig rühren.

3. Eine Obstbodenform (etwa 28 cm Ø) mit etwas Butter einfetten und mit etwas Mehl bestäuben. Dann den Teig in die Obstform füllen und glatt streichen. Den Tortenboden etwa 20 Minuten backen, etwas abkühlen lassen und aus der Form stürzen.

4. Den Teig auskühlen lassen, dann halbieren, die eine Hälfte mit Rosenwasser und Rum beträufeln. Die andere Hälfte anderweitig verwenden.

5. Die Marzipanrohmasse in Stückchen schneiden und mit dem Sirup und 3 EL Puderzucker mit einer Gabel zerdrücken, dann verkneten.

6. Für das Eis die Schoko-Pfefferminz-Täfelchen in etwa 1 x 1 cm große Quadrate schneiden. Die saure Sahne, den restlichen Puderzucker, den Vanillinzucker und den Kakao verquirlen. Die Eier und die Pfefferminzstückchen dazugeben und alles nochmals gut verrühren; die Pfefferminzstückchen sollen sich etwas auflösen. Die Masse in die Eismaschine füllen und etwa 15 Minuten gefrieren lassen.

7. Die Kuvertüre schmelzen und das Marzipan auf dem Tortenboden ausbreiten. Das Eis auf dem Marzipan verteilen, die Torte in 6 Stücke teilen und jedes Stück mit Kuvertüre begießen.

Tipp

Am besten backen Sie den Boden schon am Vortag, dann müssen Sie nicht auf das Abkühlen des Bodens warten. Wenn Sie es eilig haben, können Sie natürlich auch einen fertigen Obstkuchenboden kaufen.

Maracuja-Eis-Hütchen

Windbeutel mit Maracuja-Dickmilch-Eis

- low fat
- raffiniert ✓
- nussig
- fruchtig ✓
- sahnig ✓
- für Kids ✓

Für 12 Stücke

- Zubereitungszeit: ca. 30 Min.
- Gefrierzeit: ca. 15 Min.
- Backzeit: ca. 30 Min.
- ca. 400 kcal je Stück

250 g Dickmilch • 5 frische Eier • 3 EL Milch • 250 Sahne • 125 g Maracujasirup

etwas Butter zum Einfetten

50 g Butter • 1 Prise Salz • 1 EL Zucker • 150 g Mehl

Erdbeeren zum Dekorieren

1. Dickmilch, 1 Ei, Milch, 3 EL Sahne und Maracujasirup verrühren und in der Eismaschine etwa 15 Minuten gefrieren lassen.

2. Inzwischen den Backofen auf 220 °C (Umluft 190 °C; Gas Stufe 3–4) vorheizen und ein Backblech einfetten. Die restlichen Eier verquirlen.

3. Etwa $^1/_4$ l Wasser mit der Butter, dem Salz und dem Zucker aufkochen, den Topf von der Platte nehmen und das Mehl dazugeben. Das Ganze erst glatt rühren und dann bei mittlerer Hitze rühren, bis sich ein Kloß bildet. Den Teig von der Platte nehmen und die verquirlten Eier nach und nach darunter rühren.

4. Aus dem Teig walnussgroße Häufchen abstechen und auf das Blech setzen. Den Teig auf der mittleren Schiene 30 Minuten backen. Die Windbeutel noch heiß aufschneiden, dann erkalten lassen.

5. Inzwischen die restliche Sahne steif schlagen und in einen Spritzbeutel mit Sterntülle füllen. In die ausgekühlten Windbeutelhälften Maracuja-Dickmilch-Eis füllen, mit Sahne garnieren und den oberen Teil des Windbeutels darauf setzen. Zum Schluss alles mit Erdbeeren garnieren.

low fat
raffiniert
nussig ✓
fruchtig
sahnig ✓
für Kids

Crêpes Noisette

Eis-Crêpes

80 g Mehl • 1 Prise Salz • 1 TL Zucker •
3 frische Eier • 6 EL Milch • 1 EL Öl • 1 EL Cognac

125 g Dickmilch • 230 g Sahne • 150 g Ahornsirup •
100 g Walnusskrokant

etwas Butter zum Einfetten

24 Walnusshälften •
Zitronenmelisse zum Garnieren

1. Mehl, Salz, Zucker, 2 Eier, 1 Eiweiß, 4 EL Wasser, 4 EL Milch, Öl und Cognac zu einem glatten, sehr dünnen Pfannkuchenteig verquirlen und zugedeckt mindestens 1 Stunde an einem kühlen Ort quellen lassen.

2. Für das Walnusseis die Dickmilch mit dem Eigelb, 2 EL Sahne und 100 g Ahornsirup verrühren. Das Walnusskrokant fein hacken und anschließend einrühren. Die Masse in die laufende Eismaschine füllen und etwa 15 Minuten gefrieren lassen. Das fertig gerührte Eis im Eisbehälter lassen.

3. Inzwischen in einer nur leicht gefetteten Pfanne nacheinander 6 dünne Pfannkuchen goldgelb backen und im Backofen warm stellen.

4. Die restliche Sahne steif schlagen. Die Crêpes auf flachen Desserttellern mit je 4 Eiskugeln anrichten und zusammenklappen. Mit Schlagsahne, dem restlichen Ahornsirup, Walnusshälften und Zitronenmelisse garnieren.

Tipp

Statt mit Walnusseis können Sie die Crêpes mit Vanilleeis (siehe S. 22) füllen. Dazu reichen Sie heiße Kirschen. Dafür erhitzen Sie ein Glas Kirschen mit Saft. Zuvor etwa 6 EL Saft abnehmen und mit 3 EL Stärke verrühren. Die Stärke unter Rühren in die kochenden Kirschen geben und das Ganze einmal aufkochen lassen. Mit Zucker und Zimt abschmecken.

Für 6 Portionen

- Zubereitungszeit: ca. 40 Min.
- Ruhezeit: ca. 1 Std.
- Gefrierzeit: ca. 15 Min.
- ca. 330 kcal je Portion

Baiser-Eis-Kuchen

Buttermilcheis mit Mohn-Marzipan-Baiser

low fat
raffiniert ✓
nussig ✓
fruchtig
sahnig
für Kids

Für 8 Stücke

- Zubereitungszeit: ca. 35 Min.
- Trockenzeit: ca. 1 Std.
- Kühlzeit: ca. 1 ½ Std.
- Gefrierzeit: ca. 2 ½ Std.
- ca. 270 kcal je Stück

etwas Butter zum Einfetten • 50 g Marzipan-Rohmasse • 4 frische Eiweiße • 75 g Mohnbackfüllung (fertige Kuchenfüllung) • 1 ½ TL Zitronensaft • 1–2 TL Rosenwasser • 150 g Puderzucker • 1 Prise Salz

50 g weiße Schokolade • 50 g Zucker • 1 EL Honig • 75 g Sahne • 400 g Buttermilch • 2 EL Zitronensaft

Beeren zum Garnieren

1. Den Backofen auf 120 °C (Umluft 90 °C; Gas Stufe 1) vorheizen, ein Backblech einfetten. Das Marzipan mit 1 Eiweiß, dem Mohn, 1 TL Zitronensaft und dem Rosenwasser vermischen. Die restlichen Eiweiße mit dem Puderzucker, dem restlichen Zitronensaft sowie dem Salz steif schlagen und unter die Marzipanmasse heben. Das Ganze auf dem halben Backblech ausstreichen und etwa 1 Stunde auf mittlerer Schiene trocknen lassen.

2. Inzwischen die Schokolade mit dem Zucker, dem Honig und der Sahne schmelzen. Die Buttermilch und den restlichen Zitronensaft unterrühren und das Ganze 1 ½ Stunden kühl stellen.

3. Die gekühlte Masse in der Eismaschine 25–35 Minuten gefrieren lassen. Das Baiser entsprechend der Größe der verwendeten Kastenform in rechteckige Stücke schneiden.

4. In eine Kastenform im Wechsel jeweils Baiser und Eis geben, sodass insgesamt 4 Schichten entstehen. Das Ganze für 2 Stunden in das Gefriergerät stellen. Den Eiskuchen stürzen, in Scheiben schneiden, mit Beeren garnieren und servieren.

Tipp

Am besten können Sie den Baiser-Eis-Kuchen mit einem großen Messer schneiden, das Sie immer wieder in lauwarmes Wasser tauchen.

Variation

Anstelle des Buttermilcheises können Sie auch Mascarpone-Johannisbeer-Eis zwischen die Baisermasse schichten. Dafür verlesen Sie etwa 80 g Johannisbeeren und pürieren die Beeren dann mit etwa 50 g Puderzucker. In einer zweiten Schüssel vermengen Sie 100 g Mascarpone mit 5 EL Milch, 125 g Joghurt und 50 g Puderzucker. Die Mascarponemasse geben Sie mit dem Johannisbeerpüree in eine Eismaschine und lassen es in etwa 25 Minuten gefrieren. Ansonsten verfahren Sie wie im angegebenen Rezept.

Surprise
Eistrüffeln

150 g Schokoladeneis (S. 30) • 150 g Karamelleis (S. 32) • 100 g Bitterschokoladeraspel
350 g Haselnusseis (S. 60) • 350 g Vanilleeis (S. 22)

1. Die Eistrüffeln bestehen jeweils aus einem Kern und einer Hülle. Am besten mit dünnen Plastikhandschuhen arbeiten. Für die Trüffelkerne mit einem sehr kleinen Eisportionierer aus dem Schokoladen- und Karamelleis jeweils 5 Kugeln portionieren und diese auf einem Teller in den Schokoladeraspeln wälzen. Die so bereiteten Kerne wieder in das Gefriergerät stellen.

2. Für die Hüllen je 5 Portionen Haselnuss- und Vanilleeis von jeweils etwa 70 g Eis vorbereiten. Jetzt rasch arbeiten: Die Portionen einzeln mit den Händen plätten und eine Mulde in die Mitte drücken. Die Kerne hineinlegen und die Hüllen rundum verschließen. Die Trüffeln runden und etwa 15 Minuten in das Gefriergerät stellen.

3. Die Trüffeln auf Tellerchen oder in Schalen anrichten.

low fat
raffiniert ✓
nussig ✓
fruchtig
sahnig ✓
für Kids ✓

Für 10 Stücke

- Zubereitungszeit: ca. 20 Min.
- Gefrierzeit: ca. 15 Min.
- ca. 250 kcal je Stück

Tipp

Dunkle Trüffeln mit heißer Schokolade übergießen und helle Trüffeln mit Kakaopulver bestreuen.

- low fat
- **raffiniert ✓**
- nussig
- fruchtig
- **sahnig ✓**
- **für Kids ✓**

Minz-Bällchen

Eiskonfekt mit Pfefferminzeis

200 g Sahne • 2 frische Eigelbe • 1–2 EL Puderzucker • 1 Prise Salz • 50 g Pfefferminzsirup
100 g Zartbitterkuvertüre
1 Zweig Pfefferminze zum Dekorieren

1. Die Sahne erhitzen. Die Eigelbe mit dem Puderzucker und dem Salz cremig schlagen, dabei nach und nach den Pfefferminzsirup und zuletzt die heiße Sahne dazugeben. Die Masse vorsichtig erhitzen, bis sie leicht andickt.

2. Das Ganze etwa 30 Minuten abkühlen lassen, dann weitere 30 Minuten in den Kühlschrank stellen. Die Eisgrundmasse erneut durchrühren, in die laufende Eismaschine füllen und etwa 15 Minuten gefrieren lassen.

3. Das Eis in eine Gefrierschüssel füllen und etwa 5 Stunden im Gefriergerät nachgefrieren lassen.

4. Ein großes Kunststoff-Schneidebrett kühlen. Die Kuvertüre schmelzen. Mit einem Eislöffel Kugeln portionieren und auf das Schneidebrett setzen. Die Kugeln nacheinander kurz in die Kuvertüre tauchen und zurück auf das Brett legen. Die Schokolade gefriert sofort an.

5. Das Eiskonfekt auf einer kleinen Platte mit einem Zweig Pfefferminze dekoriert reichen.

Für 16 Stück

- Zubereitungszeit: ca. 25 Min.
- Kühlzeit: ca. 1 Std.
- Gefrierzeit: ca. 5 Std.
- ca. 80 kcal je Stück

Tolle Eisrolle

Biskuitrolle mit Haselnusseis

low fat
raffiniert
nussig ✓
fruchtig
sahnig ✓
für Kids

Für 12 Stück

- Zubereitungszeit: ca. 30 Min.
- Back- und Kühlzeit: 1 1/2 Std.
- Gefrierzeit: ca. 20 Min.
- ca. 300 kcal je Portion

300 ml Milch • 200 g Sahne • 70 g brauner Zucker • 2 frische Eigelbe
4 große frische Eier • 150 g Zucker • 1 P. Vanillinzucker • 180 g Mehl • gut 1/2 TL Backpulver
90–110 g Haselnüsse

1. Für das Eis die Milch und 100 g Sahne mit 2 EL braunem Zucker bis kurz vor dem Siedepunkt erhitzen. Inzwischen die Eigelbe mit dem restlichen Zucker schaumig schlagen. Die heiße Sahne-Milch-Mischung unter die Schaummasse rühren und alles unter Rühren auf kleiner Flamme andicken lassen. Die Mischung abkühlen lassen und für etwa 1 Stunde in den Kühlschrank stellen.

2. Für die Biskuitrolle den Backofen auf 220 °C (Umluft 190 °C; Gas Stufe 3–4) vorheizen und ein Backblech mit Backpapier auslegen. Die Eier trennen. Die Eiweiße mit 3 EL Wasser zu steifem Schnee schlagen, dabei den Zucker und den Vanillinzucker langsam einrieseln lassen. Die Eigelbe verquirlen und unter den Eischnee ziehen. Das Mehl und das Backpulver über den Schnee sieben und mit zwei Gabeln locker unterheben.

3. Den Teig auf das Backpapier streichen und im Backofen auf der mittleren Schiene in 8–10 Minuten hellbraun backen. Den Biskuit sofort auf ein mit Zucker bestreutes Küchentuch stürzen. Das Backpapier befeuchten und vorsichtig abziehen. Den Biskuit sofort mit dem Tuch locker ausrollen und 1 Stunde auskühlen lassen.

4. Inzwischen das Eis fertig stellen: Die Haselnüsse, bis auf 12 für die Dekoration, grob hacken und in einer Pfanne ohne Fett anrösten, bis sie zu duften beginnen. Die Nüsse abkühlen lassen, 2–3 EL für die Dekoration beiseite stellen.

5. Die übrigen Haselnüsse unter die gekühlte Eismasse rühren. Diese in die laufende Eismaschine geben und etwa 20 Minuten gefrieren lassen. Das Eis im Gefrierbehälter lassen, bis die Biskuitrolle ausgekühlt ist.

6. Die Biskuitrolle vorsichtig ausrollen, das Eis darauf verteilen und ausstreichen. Den Biskuit mithilfe des Tuches wieder zusammenrollen und auf eine Kuchenplatte legen.

7. Die restliche Sahne steif schlagen. Die Rolle mit Sahnetupfern oder -streifen verzieren, mit den zurückbehaltenen Nussstücken bestreuen und mit den 12 ganzen Nüssen belegen.

Tipp

Eisrollen können Sie natürlich auch mit anderen Milcheissorten zubereiten.

Bärenstark

Joghurtparfait mit Beerensauce

- low fat
- raffiniert
- nussig
- **fruchtig ✓**
- sahnig
- für Kids

Für 6 Portionen

- Zubereitungszeit: ca. 30 Min.
- Gefrierzeit: ca. 4 Std.
- ca. 260 kcal je Portion

600 g frische gemischte Beeren (Himbeeren, Johannisbeeren, Heidelbeeren, Brombeeren) • 6 EL Streusüße

500 g Vollmilchjoghurt oder Dickmilch • 100 ml frisch gepresster Orangensaft • 6 Blätter weiße Gelatine • 200 ml süße Sahne

5 EL Rotwein • 3 EL Crème de Cassis • 2 EL Zitronensaft • Beeren und Minze zum Garnieren

1. Die frischen Beeren verlesen, waschen und gut abtropfen lassen. 100 g schöne Früchte zum Garnieren beiseite stellen. Die übrigen Früchte in einen Mixer geben und pürieren. Durch ein Sieb streichen, mit 2 EL Streusüße süßen.

2. Den Vollmilchjoghurt mit dem Orangensaft und 1 EL Streusüße abschmecken. Die Gelatine in kaltem Wasser einweichen. Die Hälfte des Fruchtpürees und die Hälfte des Joghurts miteinander verrühren. Die Gelatine ausdrücken und in einem Töpfchen im Wasserbad auflösen. In zwei Portionen teilen. In die eine Hälfte die Fruchtmasse, in die andere Hälfte die Joghurtmasse einrühren. Beginnt die Masse leicht zu gelieren, die Sahne steif schlagen und darunter ziehen.

3. Eine Kastenform mit kaltem Wasser ausspülen. Abwechselnd eine Schicht Sahnejoghurt und eine Schicht Fruchtjoghurt einfüllen, bis beides verbraucht ist. Eine Gabel spiralförmig durch die Masse ziehen. Im Gefrierschrank das Parfait etwa vier Stunden fest werden lassen.

4. Zum Servieren das Parfait auf eine Platte stürzen und in Scheiben schneiden. Das restliche Fruchtpüree mit Rotwein und Crème de Cassis abschmecken. Auf die Teller jeweils einen Saucenspiegel gießen, je zwei Scheiben Parfait darauf anrichten und mit einigen Beeren und Minzblättchen garnieren. Die Menge ergibt etwa 12 bis 18 Scheiben.

Tipp

Statt frischer Früchte eignen sich für dieses Rezept auch tief gefrorene Beeren sehr gut. Vor dem Pürieren sollten sie auftauen.

Das Parfait kann auch ungefroren verzehrt werden, dann benötigt man allerdings die doppelte Menge Gelatine. Nach der Zubereitung mindestens vier Stunden kalt stellen.

links: Amadeus
rechts: Fresh

Amadeus

Himbeersorbet

low fat ✓
raffiniert
nussig ✓
fruchtig ✓
sahnig
für Kids

Für 8 Portionen

- Zubereitungszeit: ca. 30 Min.
- Gefrierzeit: ca. 5 Std.
- ca. 31 kcal je Portion

300 g verlesene Himbeeren •
8 EL Orangensaft • 4 EL Streusüße •
2 EL Wald-Himbeergeist

1 frisches geschlagenes Eiweiß

1. Die Himbeeren im Mixer pürieren und durch ein Sieb streichen. Mit Orangensaft, Streusüße und Himbeergeist abschmecken.

2. In eine Eismaschine oder Sorbetière füllen und halb gefrieren lassen. Dann den Eischnee hinzufügen und fertig gefrieren lassen.

3. Ohne Eismaschine: Das Fruchtpüree in eine flache Schale füllen und unter mehrmaligem Umrühren in der Tiefkühltruhe gefrieren lassen.

4. Zum Schluss das geschlagene frische Eiweiß unterheben und fertig gefrieren lassen.

Fresh

Melonen-Champagner-Sorbet

low fat ✓
raffiniert
nussig ✓
fruchtig ✓
sahnig
für Kids

Für 8 Portionen

- Zubereitungszeit: ca. 30 Min.
- Gefrierzeit: ca. 5 Std.
- ca. 49 kcal je Portion

400 g Melonenfruchtfleisch • 4 EL Limettensaft •
abgeriebene Schale 1 unbehandelten Limette •
einige Minzblättchen •
1/8 l trockener Champagner •
3 gehäufte EL Streusüße

1 frisches steif geschlagenes Eiweiß

1. Das Melonenfruchtfleisch mit Limettensaft, -schale und Minze im Mixer pürieren. Den Champagner dazugießen und mit Streusüße abschmecken.

2. Die Melonen-Champagner-Mischung in der Eismaschine oder in der Sobetière halb gefrieren lassen. Den Eischnee unterrühren und fertig gefrieren lassen.

3. Ohne Eismaschine: Das Fruchtpüree in eine flache Schale füllen und unter mehrmaligem Umrühren in der Tiefkühltruhe gefrieren lassen. Dann den Eischnee unterheben und fertig gefrieren lassen.

Eisblume

Tulpe mit Erdbeereis

- **low fat ✓**
- raffiniert
- nussig ✓
- **fruchtig ✓**
- sahnig
- für Kids

Für 6 Portionen

- Zubereitungszeit: ca. 30 Min.
- Gefrierzeit: ca. 5 Std.
- ca. 340 kcal je Portion

Für die Tulpen
100 g Rohmarzipan • 1 frisches Ei • 1 frisches Eigelb • 50 g Mehl • 100 g Crème double • 2 EL Milch • 3 El Streusüße

Für das Eis
400 g geputzte Erdbeeren

4 EL Zitronensaft • 2 EL Cointreau • 3 EL Streusüße • 250 g Schmand

einige Minzblättchen • 4 Erdbeeren in Scheiben • Streusüße zum Bestreuen

1. Den Backofen auf 180 °C vorheizen. Das Rohmarzipan zerbröckeln und mit dem Ei, dem Eigelb, dem Mehl, der Crème double und der Milch zu einer dickflüssigen Masse verrühren. Durch ein Sieb streichen, um eventuell vorhandene Klümpchen zu entfernen. Mit Streusüße süßen.

2. Aus einem Stück Karton, etwa 1 mm dick, einen Ring von etwa 16 cm Innendurchmesser ausschneiden. Ein Backblech mit Backtrennpapier auslegen. Die Schablone auflegen.

3. Zwei bis drei Esslöffel Teig in den Ring geben und verteilen. Mit einer Palette oder einem breiten Messer gleichmäßig darüber fahren, damit es eine glatte Fläche ergibt. Dann die Schablone entfernen.

4. Das Backblech in den Backofen auf die mittlere Schiene schieben, den Teig mit einer Palette anheben und sofort über ein Glas stülpen und leicht andrücken. Das gelingt nur, wenn der Teig noch warm ist und sich noch formen lässt. Die restliche Teigmasse verarbeiten wie beschrieben.

5. Die Erdbeeren im Mixer pürieren und anschließend durch ein feines Sieb streichen.

6. Das Püree mit dem Zitronensaft, dem Cointreau und der Streusüße abschmecken. Zum Schluss den Schmand unterrühren.

7. Dann die Masse in eine Eismaschine geben oder im Gefrierschrank unter mehrmaligem Rühren gefrieren lassen.

8. Hat das Eis die erforderliche Festigkeit erreicht, in einen Spritzbeutel mit großer Sterntülle geben und die Tulpen damit füllen. Mit den Erdbeerscheiben und den Minzblättchen garnieren. Zum Schluss mit Streusüße bestreuen.

Tipp

Trocken gelagert, lassen sich diese „Tulpen" einige Tage aufbewahren, ohne dass sie die Form verlieren.

Ice-Mountain

Eisgugelhupf

low fat ✓
raffiniert ✓
nussig
fruchtig
sahnig
für Kids

Für 6–8 Portionen

- Einweichzeit: ca. 12 Std.
- Zubereitungszeit: ca. 45 Min.
- Gefrierzeit: ca. 4 Std.
- ca. 250 kcal je Portion

50 g Rosinen • 5 EL Cognac
5 frische Eigelbe • 5 gehäufte EL Streusüße • abgeriebene Schale 1 unbehandelten Orange
3 frische Eiweiße • 1 TL Zitronensaft • 400 ml süße Sahne
1 EL Kakaopulver

1. Die Rosinen einen Tag vor der Zubereitung in Cognac einweichen.

2. Die Eigelbe mit 3 EL Streusüße und der Orangenschale im kochenden Wasserbad cremig schlagen.

3. Die Schüssel mit der Eiermasse in Eiswasser kalt rühren. Anschließend die Eiweiße mit dem Zitronensaft und 1 EL Streusüße steif schlagen. Die Sahne ebenfalls mit 1 EL Streusüße steif schlagen. Den Eischnee, die geschlagene Sahne und die marinierten Rosinen mit einem Schneebesen unter die Eiercreme heben.

4. Diese Masse in zwei kleine Gugelhupfformen von je einem halben Liter Inhalt füllen und im Gefrierschrank gefrieren lassen.

5. Vor dem Servieren die Formen kurz in heißes Wasser tauchen und auf gekühlte Teller stürzen. Mit Kakaopulver bestreuen.

XXS

Avocadoeis

low fat ✓
raffiniert
nussig
fruchtig ✓
sahnig
für Kids

Für 8 Portionen

- Zubereitungszeit: ca. 15 Min.
- Gefrierzeit: ca. 2 Std.
- ca. 150 kcal je Portion

2–3 sehr reife Avocados (etwa 400 g Fruchtfleisch) • 100 ml Zitronen- oder Limettensaft • 1 Becher Sahne oder 175 g Vollmilchjoghurt • 4–5 EL Streusüße
einige Blättchen Zitronenmelisse

1. Die Avocados halbieren, den Stein entfernen und das Fruchtfleisch herausheben. Im Mixer die Hälften mit Zitronensaft pürieren. Sahne oder Joghurt hineinrühren und mit Streusüße abschmecken.

2. In der Eismaschine gefrieren lassen. Wer das Gefrierfach benutzt, füllt das Püree in eine weite, flache Schüssel und lässt das Ganze im Gefrierfach etwa eine Stunde anziehen. Dann jede halbe Stunde umrühren, bis das Eis die gewünschte Konsistenz hat.

3. Zum Schluss fein gehackte Zitronenmelisse unterziehen.

Tipp

Ob die Avocados wirklich reif sind, merken Sie daran, dass die Schale auf Druck nachgibt. Unreife Früchte reifen bei Zimmertemperatur in wenigen Tagen nach. Noch schneller geht's, wenn Sie die harten Früchte in Zeitungspapier einwickeln und an einen warmen Ort legen.

Acapulco

Rosa Grapefruitsorbet

low fat ✓
raffiniert
nussig
fruchtig ✓
sahnig
für Kids

Für 4–6 Portionen

- Zubereitungszeit: ca. 30 Min.
- Gefrierzeit: ca. 2 Std.
- ca. 140 kcal je Portion (bei 4 Portionen)

3–4 große rote Grapefruits • 1 große Orange •
3 EL Streusüße • 2 frische Eiweiße
1/2 Flasche Sekt oder Champagner
mehrere Grapefruitschnitze
mehrere Minzblättchen

1. Die Grapefruits und die Orange auspressen. Der Saft sollte etwa 600 ml ergeben. Durch ein Sieb gießen und dann im Mixer mit Streusüße und mit 1 Eiweiß verschlagen.

2. Den Fruchtschaum in eine Eismaschine oder Sorbetière füllen und gefrieren lassen. Anschließend das andere Eiweiß steif schlagen und unter die Sorbetmasse ziehen, sobald diese halb gefroren ist. Fertig gefrieren lassen.

3. Hat das Sorbet die gewünschte Festigkeit, die Sorbetmasse in einen Spritzbeutel mit großer Sterntülle füllen und in gekühlte Gläser füllen. Bis zum Servieren in den Gefrierschrank stellen.

4. Zum Servieren mit einen Schuss Sekt bzw. Champagner, Grapefruitschnitzen und Minzblättchen dekorieren.

Tipp

Sollten Sie keine rote Grapefruit bekommen, können Sie auch gelbe Früchte verwenden. Ein Schuss Campari oder Grenadinesirup gibt auch diesen die nötige Farbe.

Mamamia

Mango-Pfirsich-Sorbet

low fat ✓
raffiniert
nussig
fruchtig ✓
sahnig
für Kids

Für 4 Portionen

- Zubereitungszeit: ca. 30 Min.
- Gefrierzeit: ca. 5 Std.
- ca. 38 kcal je Portion

300 g Mangofruchtfleisch •
200 g Pfirsichfruchtfleisch • 8 EL Zitronensaft •
2–3 EL Streusüße

1. Das Mango- und Pfirsichfruchtfleisch mit dem Zitronensaft in einen Mixer geben und pürieren. Mit Streusüße abschmecken.

2. In eine Eismaschine oder Sorbetière geben und unter mehrmaligem Umrühren im Gefrierschrank gefrieren lassen.